Sven HEDIN
(1865-1952)

Le Tibet dévoilé

(1910)

Traduit et adapté par
Charles RABOT

SVEN HEDIN (1865-1952)

Le Tibet dévoilé

1ᵉ édition Paris, 1910

Publié par OMNIA VERITAS LTD

www.omnia-veritas.com

Le Docteur Sven Hedin en costume ladaki

SVEN HEDIN

CHAPITRE I
Le seuil du Tibet 9

CHAPITRE II
Vers les terres mystérieuses 21

CHAPITRE III
A travers l'inconnu 33

CHAPITRE IV
Les premiers Tibétains 43

CHAPITRE V
En pays interdit 55

CHAPITRE VI
La Noël au Tibet 63

CHAPITRE VII
Changement de fortune 69

CHAPITRE VIII
Une découverte capitale 81

CHAPITRE IX
Chigatsé 97

CHAPITRE X
Une vision du moyen age monacal au XXE siècle 113

CHAPITRE XI
Vers le lac interdit 129

CHAPITRE XII
Sur l'Himalaya 141

CHAPITRE XIII
  Découverte des sources du Brahmapoutre 153
CHAPITRE XIV
  Le lac sacré de Manasarovar 161
CHAPITRE XV
  Seconde campagne 181
CHAPITRE XVI
  Sur le toit du monde 197
CHAPITRE XVII
  De nouveau en terre inconnue 215
CHAPITRE XVIII
  Découvert ! 223
CHAPITRE XIX
  Mieux vaut douceur que violence 229
CHAPITRE XX
  Vers les Indes 237

Chapitre I

Le seuil du Tibet

De Stockholm à Simla par terre. Diplomatie et exploration. Organisation de la caravane. Le Ladak. À l'assaut des remparts du Tibet. Arrivée au lac Lighten.

Après trois ans de repos, je ressens un invincible besoin de mouvement, et, au milieu du cadre étroit de la vie civilisée, j'éprouve comme un étouffement. La nuit, lorsque je travaille à la mise au net des observations recueillies pendant ma précédente expédition, il me semble entendre l'appel du désert dans le sifflement du vent qui souffle au dehors...

Bientôt ma résolution est prise ; de nouveau je m'acheminerai vers les libres et grandioses solitudes des infinis plateaux du Tibet. Les grands espaces blancs qui figurent encore sur la carte de cet étrange pays exercent sur moi une attraction irrésistible. Au nord du cours supérieur du Brahmapoutre, s'étendent de vastes étendues complètement inconnues ; il y a là de hauts massifs de montagnes et de longs chapelets de grands lacs demeurés mystérieux. Biffer la légende : « pays inexploré » que les cartes inscrivent en travers de cette large zone, tel est un de mes rêves. J'ambitionne également d'explorer les grandes nappes d'eau du Tibet central qui n'ont été visitées qu'une seule fois, en 1874, par des topographes hindous ; enfin, je voudrais atteindre les sources de l'Indus, afin de fixer leur position en toute certitude.

Cette année, j'aborderai le Tibet par les Indes britanniques, et, le 16 octobre 1905, pour la cinquième fois, je reprenais le chemin de l'Asie centrale. Vers les Indes, je m'achemine par terre, par Trébizonde, par l'Arménie turque, la Perse, le Séistan, le grand désert béloutche, pour atteindre à Nouschki le réseau ferré de la péninsule indienne ; un voyage de sept mois, très intéressant et qui me sert en quelque sorte d'entraînement après trois ans d'inaction. Finalement, à la fin de mai 1906, j'arrivais à Simla, la résidence du vice-roi des Indes. Cette visite était d'ordre diplomatique ; avant de me mettre en route, il importait de connaître les dispositions du gouvernement anglo-indien à mon égard. Un an auparavant, Lord Curzon, alors vice-roi, m'avait promis le concours le plus actif dans ma nouvelle entreprise. Depuis il avait quitté sa haute situation, et, en Angleterre, le pouvoir était passé aux mains des libéraux. Ces changements politiques n'ont-ils exercé aucune influence sur les dispositions officielles ? A ce sujet, je ne suis pas sans une certaine inquiétude.

Pl. 1. Simla

Le jour de mon arrivée à Simla, je passe la soirée avec mon excellent ami, le célèbre explorateur et diplomate, le colonel Sir

Francis Younghusband. La conversation est empreinte de la plus sincère cordialité, mais pas un mot concernant mes projets, pas même une allusion ! Cette réserve de Sir Francis n'est point de bonne augure. En tout cas, demain je connaîtrai la décision gouvernementale. A midi Younghusband doit me présenter au Secrétaire des Affaires Étrangères.

De très bonne heure, je me réveille en proie à la plus vive anxiété. Je suis dans l'état d'esprit d'un prisonnier attendant le prononcé du jugement qui doit lui rendre la liberté ou l'envoyer en prison. Pour passer ces heures qui n'en finissent pas, je m'absorbe dans la contemplation du merveilleux panorama visible de ma terrasse. Au premier plan, un étincellement de toits pittoresques dans un cadre de cèdres magnifiques, et, au delà, par un large trou ouvert à travers la verdure, l'Himalaya ruisselant de glaciers, une vision céleste ! Sur un ciel d'un bleu profond, les cimes blanches se détachent avec une netteté si parfaite que tous leurs moindres détails se distinguent. Ces belles montagnes ne sont qu'à quelques jours de Simla : par derrière, c'est le mystérieux Tibet, le pays de mes rêves, le pôle de mon imagination.

Bientôt, des nuages s'élèvent, et le radieux panorama disparaît derrière un voile épais ; j'eus alors comme l'impression qu'une muraille allait se dresser entre le Tibet et moi.

À midi tapant, Younghusband arrive. Le jugement va être prononcé ! Quelques instants après, je suis introduit auprès du secrétaire des Affaires Étrangères. Ce haut fonctionnaire m'annonce alors que par ordre du gouvernement métropolitain, l'accès du Tibet par le territoire anglais m'est interdit.

Devant cet arrêt, j'éprouve une émotion indicible, mais je suis trop maître de moi pour en laisser rien paraître. Les obstacles ne me font pas peur et la patience dont je me sais capable et qui souvent m'a permis de vaincre la nature me donnera peut-être la force de triompher de l'arbitraire des hommes. Pendant des semaines, j'essaie de faire revenir le gouvernement anglais sur sa décision et de venir à bout de toutes les chinoiseries diplomatiques qu'il soulève. Que n'avais-je, cette fois comme dans mes précédents voyages, pris comme point de départ les territoires russes de l'Asie centrale ? Jamais le gouvernement du tzar n'aurait mis à mes projets l'obstruction qu'apporte le ministère britannique. Ainsi dans ma nouvelle entreprise, les premières difficultés que j'avais à vaincre proviennent, non pas de l'atroce climat du Tibet, de ses montagnes rébarbatives, de ses sauvages habitants, mais d'un ministre de la Grande-Bretagne.

Jusqu'au seuil de la mort, l'homme garde l'espérance ; aussi bien, malgré tout, je conserve l'espoir que tout finira par s'arranger. Finalement, il fut décidé officiellement que je prendrai la route du Turkestan chinois, c'est-à-dire, que je me dirigerai vers le bassin du Tarim par un des cols de Karakoram. Cette solution m'agrée. Une fois dans le désert des montagnes, je pourrai m'acheminer vers les massifs situés à l'est de ce col et qui n'appartiennent à aucun État. Là, je ne me trouverai plus en territoire britannique et serai libre de mes mouvements ; dès lors je prendrai telle direction qu'il me plaira, et, au lieu de me diriger vers la Chine, il me sera loisible de pencher le Tibet.

La palais à Leh

Le 13 juin, je quittai Simla, profondément reconnaissant au Vice-Roi et à Lady Minto de l'accueil personnel si cordial que l'un et l'autre avaient eu l'amabilité de me réserver. De là, par le Cachemire, je gagnai Leh, la capitale du Ladak, où j'organisai ma caravane soi-disant à destination du Turkestan chinois. Les fonctionnaires anglo-indiens n'étaient pas dupes de cette formule. Tous se doutaient de mesvéritables intentions et étaient persuadés je n'avais pas abandonné mes projets primitifs ; néanmoins, tous, dans la mesure de leurs instructions, me prêtèrent le concours le plus empressé.

Pl. 3b. Entrée du palais à Leh

Sir Francis Younghusband lui-même eut l'obligeance de me guider dans le choix difficile du chef de ma caravane ; sur son conseil, j'engageai pour cette importante fonction, un nommé Mohammed Isa, un vétéran de l'exploration. Depuis trente ans, Mohammed Isa avait pour ainsi dire parcouru toute l'Asie centrale et une bonne partie du Tibet ; il avait accompagné Carey et Dalgleish, Dutreuil de Rhins, Ryder ; enfin il avait suivi Younghusband à Lhassa. Je n'aurais pu trouver un chef de convoi plus sûr et plus expérimenté, comme l'avenir le prouva.

Mon état-major était complété par un jeune Babou, du nom de Robert, qui, pour les observations scientifiques, me fut un collaborateur précieux. Vingt-cinq hommes formaient le gros de la troupe. Tous ces caravaniers m'ont servi avec un dévouement auquel je dois un hommage mérité ; par leur courage comme par leur endurance, ils ont été les humbles artisans de mon entreprise. La plupart étaient des chevronnés de l'exploration au Tibet ou en Asie centrale. Sonam Tsering avait pris part aux expéditions de Deasy et de Rawling et Choukkour Ali avait suivi Wellby. Le Nestor de notre troupe, Gouffarou, un bonhomme droit et solide comme un chêne, malgré ses soixante-deux ans, avait débuté, il y a trente-trois ans, comme simple caravanier lors de l'ambassade de Forsyth auprès de Yakoub Beg. La seule énumération des services de mes gens couvrirait des pages. Presque tous étaient du Ladak, mais au point de vue religieux, ils se divisaient en deux groupes. La caravane comptait neuf musulmans, dont mon chef de file, comme d'ailleurs l'indique son prénom ; tous les autres étaient lamaïstes. Je n'avais point à craindre que la différence de croyances engendrât des discussions et des haines entre mes gens, par l'excellente raison qu'ils étaient complètement dépourvus de toute véritable croyance et qu'ils avaient l'habitude de changer de religion suivant les circonstances. Ainsi un de mes lamaïstes, chaque fois qu'il allait à Yarkand, se faisait raser la tête et accomplissait toutes les pratiques d'un bon musulman.

Le convoi ne comptait pas moins de 94 animaux, 58 chevaux et 56 mules ; de plus, une seconde caravane de 30 chevaux devait nous accompagner pendant le premier mois. C'est qu'énormes étaient les approvisionnements et le matériel à transporter. De Leh, je nourrissais la secrète pensée de marcher sur Chigatsé, la seconde capitale du Tibet. Un tel voyage devait durer au moins six mois et s'effectuer en grande partie à travers un désert. Il fallait donc tout emporter avec soi. Pour les caravaniers, je pris du riz, de la farine grillée ou mélangée à de la graisse, puis un nombre infini de briques de thé ; pour moi, plusieurs centaines de boîtes de conserves, du thé, du sucre, du tabac ; j'en eus pour 1 700 roupies (2 800 francs) chez le principal marchand de Leh. Ajoutez à cela des bâts, des cordes, des feutres, des fers pour les chevaux, des haches, des pelles, des pioches, des chaudrons, le matériel de cuisine pour les hommes. Seulement pour cette partie de l'équipement, le compte s'éleva à 1 000 roupies (1 670 francs). L'équipement d'une solide caravane n'est pas précisément bon marché. Le 12 août au soir, le paquetage est achevé et le lendemain, je me mets en route. A quelques jours près, l'anniversaire de mes débuts dans l'exploration du continent asiatique, il y a vingt et un ans. Cette fois-ci encore la chance me sera-t-elle favorable ? Dans un an, où serons-nous ? Le succès ou la défaite nous attend-elle ? Le mystère de l'avenir a quelque chose de prenant pour qui aime la lutte.

Pl. 2a. Un groupe de caravaniers. — À droite Mohammed Isa, mon chef de caravane.

De Leh au rebord du plateau tibétain, la route n'est qu'une suite d'escalades et de descentes vertigineuses à travers d'énormes montagnes. C'est d'abord le Tchang-la, un col de 5 360 mètres, pour arriver dans la vallée du Cheyok, affluent de l'Indus ; puis une seconde passe, celle-là relativement basse, qui nous ouvre l'accès du bassin fermé du Panggong-tso. Près de ce lac, aux environs du hameau de Pobrang, se rencontre le dernier bon pâturage, avant la stérilité des grands monts. Nous y demeurons un jour pour laisser les animaux du convoi se remplir congrûment la panse ; de plus une marche lente s'impose, afin d'accoutumer progressivement bêtes et gens aux grandes altitudes.

Pl. 3a. Un vieux Ladaki

Pas facile, le col de Marsimik que nous escaladons ensuite. Au début de l'ascension, toutes les cinq minutes, les chevaux s'arrêtent essoufflés ; plus haut à grand'peine ils peuvent avancer ; toutes les minutes ils sont obligés de se reposer. Avec cela 30 centimètres de neige ! Lorsque le soleil perce les nuages, il brûle, mais vient-il à se voiler, c'est un froid cuisant.

... Tout à coup, au milieu du silence de ce désert glacé, descend des cimes un cri de joie très lointain et très faible, mais singulièrement net dans l'atmosphère raréfiée de ces hautes altitudes. Il annonce l'arrivée de la colonne de mulets au sommet du col ; puis chaque fois qu'une escouade du convoi atteint le but, les mêmes acclamations retentissent.

Avant d'atteindre le plateau tibétain, il nous faut encore franchir les ramifications du rébarbatif Karakoram. Quel terrain, bon Dieu ! D'abord une gorge, large tout au plus d'une vingtaine de mètres ; plus loin elle se resserre encore et devient une étroite fente entièrement remplie par le torrent. Pour sortir de ce corridor, point d'autre chemin que la falaise qui se dresse à droite. L'escarpement est si abrupt que chevaux et mulets doivent pour ainsi dire être hissés à la force du poignet. Pour amener chaque animal au sommet de cette paroi, les efforts de pas moins de cinq hommes sont nécessaires. Un le tire par la bride, deux le soutiennent de côté et deux le poussent par derrière. Et, après cette escalade, un terrain épouvantable, un sol mouvant de graviers, coupé de ravins. Quoi qu'il en soit, nous triomphons de toutes les difficultés et atteignons une vallée, au pied du col de Tchang-Loung-Jogma qui nous conduira par-dessus le Karakoram.

Le soir, neige abondante. Une lueur blanche d'une douceur infinie enveloppe monts et vallées ; un paysage lunaire enveloppé du grand silence des choses mortes.

1er Septembre. — Le sol est couvert de neige et le ciel chargé de lourdes pannes de nuages. Seul un petit bout de bleu, visible dans le sud donne l'espoir d'une belle journée.

Pl. 5. Notre camp au nord-est du Tchang-Loung-Jogma

Dès l'aube, on se met en route et bientôt la vallée sauvage ouverte devant nous s'anime du pittoresque grouillement du convoi. Les premières pentes de la montagne sont gravies aisément ; ensuite la déclivité augmentant, pendant des heures on monte en zigzags pour arriver, après de laborieux efforts, à l'altitude de 5 780 mètres. Là, tandis que la caravane se repose dans un vallon, des éclaireurs partent à la recherche du col. Pendant cette halte, je gravis un monticule qui paraît le point culminant aux environs. De là-haut se déroule le plus magnifique panorama que l'on puisse imaginer. Derrière un entassement de montagnes noires, se dresse l'Himalaya, un hérissement fantastique de pics tout blancs, se détachant, comme à l'emporte-pièce, sur un ciel d'un bleu profond, admirablement pur. C'est le sublime dans l'extraordinaire. Partout des cimes géantes donnant l'impression très précise que l'on se trouve en présence de la saillie la plus formidable de notre planète, des montagnes les plus hautes de la terre. Et sur toute cette immensité une lumière merveilleuse ! Pas la moindre tache sur la rotondité céleste ! Un ciel admirablement pur enveloppe la flamboyante blancheur des pics et les nappes idéalement bleues des glaciers. Des heures je m'enivre de cette vision extra-terrestre.

Dans ce moutonnement de cimes, pas une ne s'élève au-dessus des autres ; toutes ont été ramenées au même niveau par le lent travail de démolition des agents météoriques. Le vent, la pluie, la neige, les alternatives de chaleur et de froid ont eu raison des roches les plus dures.

Au nord, apparaît un très haut relief, et, au nord-ouest, une chaîne maîtresse, située sur le prolongement de l'arête où nous nous trouvons, c'est le Karakoram.

Encore plus laborieuse que l'ascension, fut la descente du Tchang-Loung-Jogma. Sur son versant septentrional, la montagne n'est qu'une fondrière ; le sol détrempé ne porte pas ; toutes les minutes les chevaux enfoncent profondément dans les bourbiers tenaces dont ils ont toutes les peines du monde à se déhaler.

Le soir, campé à l'altitude de 5 552 m. — Un triste bivouac ; ni combustible, ni pacage !

Les jours suivants, marche au nord-est vers le plateau tibétain. Peu ou point de pâturages. Avec cela, un temps affreux ! Des tourmentes de neige, des orages, un froid glacial. Chaque soir, le thermomètre descend en dessous de zéro, et nous ne sommes qu'aux premiers jours de septembre. Finalement, nous atteignons l'Aksaï-tchin, une portion du Tibet qui n'appartient à personne. Cette région fait-elle partie des domaines du maharajah de Cachemire ou de ceux du Dalaï-Lama, ou dépend-elle du Céleste Empire ? Nul ne peut le dire, aucun traité n'étant intervenu pour attribuer sa possession à l'un de ces États. Les cartes ne tracent d'ailleurs aucune frontière politique à travers cette région. Le gouvernement anglo-indien m'a fait promettre de ne pas pénétrer directement des Indes dans le royaume de Dalaï-Lama. Or, ici, je suis sur un territoire n'appartenant à personne ; par conséquent, sans manquer à mes engagements, je puis faire route vers le mystérieux pays des lamas. Une fois de plus, ce me fut une occasion d'admirer l'utilité de la diplomatie et la fécondité de ses ressources. Maintenant, nous cheminons sur une haute plaine. A perte de vue, dans l'est, elle s'étend complètement unie. Si parfaitement horizontal est le terrain que, demeuré en arrière, j'aperçois la caravane distinctement, alors qu'elle est déjà à plusieurs kilomètres en avant. Sur cette terre étrange, une sensation d'horizon de mer ! Cet extraordinaire aplanissement de terrain est l'œuvre des agents de la dynamique externe. L'érosion atmosphérique a arasé les cimes ; entraînés par les eaux courantes, les produits de cette démolition ont ensuite comblé les dépressions.

Plus loin, le terrain s'élève en pentes insensibles ; puis c'est une série de vallonnements, et, le 16 septembre, nous arrivons en vue du lac Lighten.

Dans l'histoire de mon voyage, cette grande nappe d'eau marque une étape importante. D'ici, je renvoie le convoi de soutien qui m'a suivi jusqu'ici et plusieurs Hindous appartenant au gros de la caravane. Habitués à un climat chaud, ces hommes ne résisteraient pas aux froids terribles du Tibet. Désormais, me voici réduit à mes seules forces ; 10 chevaux et 1 mule ont déjà succombé aux fatigues de la route, et c'est à la tête d'une caravane de 83 animaux, tous en bonne forme, que, le 19 septembre, je m'enfonce vers l'est inconnu, vers les grands blancs qui couvrent la carte du Tibet septentrional. D'ici au Dangra-youm-tso [1], près duquel je croiserai les itinéraires de Dutreuil de Rhins et Grenard et de Nain Singh, la distance est de plus de 800 kilomètres ; dans sa plus grande étendue, toute cette région est demeurée mystérieuse. Meubler la carte de cette partie du Tibet, telle est la tâche que je vais entreprendre.

Pl. 6b. Camp sur la rive ouest du lac Lighten

Pl. 2b. Un ravin sur l'Aksaï-tchin

---

[1] Tso, lac en tibétain (Note du traducteur).

Chapitre II

Vers les terres mystérieuses

Sondages dans le lac Lighten. Une navigation mouvementée. Le Yechil-Koul. Nouvelles aventures sur un lac. Une nuit sur un îlot de sel. Mortalité parmi les animaux du convoi. Froidures et tempêtes. A l'orée des terres vierges du Tibet.

Nuit très froide le 19 septembre ; le thermomètre est descendu à —16,8°. Mais, dès l'aube, un soleil radieux monte sur l'horizon, embrasant la chaîne d'aiguilles rouges et jaunes qui bordent au sud le Lighten.

Une fois les bêtes chargées, le convoi s'achemine vers l'est, tandis que j'essaie sur le lac mon canot démontable. En présence du succès de cette première navigation, le lendemain, je résolus de continuer l'expérience et de pousser jusqu'à l'extrémité orientale du lac où je donne rendez-vous à la caravane. Comme rameur, j'emmène Rehim-Ali. Le temps est magnifique ; dans ces conditions, au moment de pousser de terre, je décide de traverser d'abord le Lighten du nord au sud, afin de mesurer sa largeur et sa profondeur ; après cela seulement, je ferai route dans l'est. Pas un nuage, pas un souffle de vent ; l'eau est immobile, blanche et lourde ; on dirait un bain de mercure.

Au second coup de sonde, je trouve 35,1 m., un peu plus loin 49 mètres, puis pas de fond avec 65 mètres de ligne. Jamais je ne me serais attendu à trouver une aussi grande profondeur dans un lac tibétain.

Midi. Un soleil brûlant ; la torpeur silencieuse de la nature endormie dans la chaleur. Sur la surface du lac unie et transparente, le ciel se reflète avec une netteté si parfaite que l'on a l'impression de voler dans le bleu. Une merveilleuse journée d'été attardée dans l'automne glaciale de cette terre désolée.

Le brassiage diminue : 29 mètres, puis, 10,5 m. ; un quart d'heure plus tard, nous abordons sur la côte méridionale.

Après avoir dessiné le panorama de la rive nord du lac, je reprends le large. Il est trois heures quarante-cinq. La nuit est proche ; mais qu'importe, les feux de bivouac de la caravane nous serviront de phares. La fin du lac ne semble d'ailleurs plus loin, si du moins le mirage ne nous induit pas en erreur.

... Soudain, sur les montagnes lointaines, à l'extrémité ouest du Lighten apparaissent des nuages jaunes. De violentes rafales soufflent là-bas et soulèvent des nuées de poussière ; avant peu elles seront sur nous. Dès que la tempête nous aura atteints, nous gagnerons la côte toute voisine et tirerons l'embarcation sur la plage, puis avec les plantes desséchées qui parsèment la rive, allumerons un grand feu pour signaler notre présence à la caravane. Donc rien à craindre.

Une idée me vient ; une très mauvaise idée, je l'avoue. Si nous profitions du vent pour avancer plus vite ? et je fais établir la mâture de notre frêle esquif.

... Soudain une risée de vent plisse la nappe jusque-là immobile ; aussitôt la voile se gonfle comme une outre, et l'embarcation file rapidement, dans un joyeux clapotis. Mais bientôt les choses se gâtent ; de minute en minute le vent « force », et les vagues « lèvent » de plus en plus hautes. Nous sommes en pleine tempête. Il devient donc nécessaire d'atterrir promptement, sous peine de nous exposer à quelque accident ; aussitôt je barre vers une pointe qui apparaît au nord-est. Très rapidement, la profondeur diminue. Si le bachot touche avant d'atteindre la plage, il sera certainement mis en pièces par ces vagues tumultueuses ; aussi bien immédiatement je vire vers le large.

... Très loin, dans l'est, nord-est, se découvre une autre presqu'île ; espérant trouver un abri derrière ce promontoire, je fais route dans cette direction, mais pourrons-nous atteindre ce port ?

Le lac est hérissé d'énormes vagues, et tellement violentes sont les rafales que le mât menace de venir en bas ; s'il se brise, c'en est fait de nous. Sous la poussée de cette brise furieuse, le bachot vole à la surface de l'eau. Des heures nous filons ce train d'enfer, et jamais nous n'apercevons la fin du lac.

... Le jour baisse, une lueur rouge enveloppe ciel et terre. Toujours à perte de vue, le lac bleuit, balafré par le moutonnement blanc des vagues. Dans l'est la nuit monte ; des ombres violettes enveloppent la base des montagnes, tandis que leurs crêtes neigeuses brillent d'une lueur jaune, pareilles à des volcans illuminés par le reflet de laves en incandescence.

... Le soleil est descendu derrière l'horizon. Seuls les pics les plus élevés gardent encore un reflet de jour ; puis à leur tour ils s'éteignent dans la pâleur livide de la lune naissante.

Bien loin de mollir, le vent « force » toujours. Je manœuvre pour maintenir la barque à l'abri, derrière une saillie de la rive. Vains efforts ; la tempête nous repousse vers le large.

Pas le moindre feu en vue, indiquant la position du bivouac de la caravane.

... Le froid est devenu très vif, mais telle est la tension de tout mon être pour éviter les embardées, que je ne le sens pas. Le moindre faux coup de barre, nous serions infailliblement perdus. Les ceintures de sauvetage dans cette obscurité et au milieu de ce lac furieux, ne serviraient qu'à prolonger l'agonie.

... Les heures s'écoulent ; jamais l'accalmie ne vient. Maintenant la lune est couchée ; seules quelques rares étoiles clignotent dans le ciel, et, toujours le canot file à pleine vitesse vers l'est, montant et descendant sur le dos de vagues monstrueuses, dans un clapotis d'eau méchante. Le vaisseau fantôme ! Nous devons pourtant approcher de la fin de ce lac diabolique.

Une impression étrange que de se sentir pour ainsi dire voler à la surface de l'eau, dans une obscurité profonde.

... Soudain, au ras de l'horizon noir, une raie blanche apparaît ; en même temps un bruit sourd devient perceptible. La côte est là, tout près, et contre la plage les vagues déferlent furieuses. En un clin d'œil, la voile est amenée ; à peine cette manœuvre achevée, le canot touche. « Saute à l'eau et halons le bateau à terre ! » criai-je à Rehim, mais paralysé par la peur, mon compagnon, qui fait aujourd'hui ses débuts comme marin, demeure blotti au fond de la barque. Au même instant, une vague brise et remplit notre esquif d'eau. Cette douche remet aussitôt d'aplomb Rehim ; avec son concours, je parviens à haler le bachot jusqu'à la grève. Nous n'avons plus un fil de sec et il souffle une bise glacée ! Le thermomètre marque — 16°. Pour nous réchauffer, nous courons. Ce moyen ne réussit guère ; nos vêtements trempés se couvrent instantanément d'une couche de glace. Nous retournons alors le canot, la quille en l'air, puis nous blottissons dessous. J'ai les extrémités complètement insensibles. Dans cette occasion, Rehim me témoigne un dévouement que je n'oublierai jamais. Après m'avoir déchaussé, cet excellent homme ouvre sa robe et maintient mes pieds glacés sur sa poitrine jusqu'à ce que je sois réchauffé. Du naufrage, nous avons pu sauver quelques cigarettes et des allumettes. Avec cela nous allons nous tirer d'affaire. Les cigarettes remplacent le souper absent et les allumettes nous permettent d'allumer un feu avec le tambour en bois du sondeur. Oh ! combien maigre, n'importe, c'est du feu et à sa faible chaleur nous faisons sécher nos vêtements.

Les heures s'écoulent lentes. Ces nuits d'automne sont interminables ! Et quel froid ! Impossible de dormir ; on gèlerait sur place.

Mais voici soudain une lueur d'espoir. Une faible lumière perce l'obscurité ; elle bouge, puis sur le sol glacé résonne un bruit sourd comme le piétinement de pas de chevaux. Bientôt dans la nuit apparaissent trois cavaliers : le chef de la caravane et deux autres hommes. Retardé par des marais, le convoi n'a pu arriver au rendez-vous ; aussi bien, dès que le camp a été établi, Mohammed Isa s'est mis à notre recherche. Tout est bien qui finit bien ; n'empêche, je me souviendrai longtemps de cette nuit glaciale.

22 Septembre. — Traversé un col de 5 300 mètres ; après cela, un nouveau lac, le Yechil-koul. De larges plages de sel d'un blanc éblouissant et des lignes de mares bleues isolées de la nappe principale et parallèles à ses rives indiquent que, comme le Lighten, le Yechil-koul diminue progressivement.

Tandis que la caravane s'achemine le long de la rive méridionale, en compagnie de Robert et de Rehim, je pars en canot explorer ce bassin. L'eau qui le remplit est tellement saturée de sel que les rames sont immédiatement couvertes d'efflorescences blanches. Elle est verdâtre et idéalement transparente.

Dans le calme d'une belle journée, nous exécutons tranquillement nos lignes de sondages ; après quoi nous nous installons pour déjeuner sur la rive ; une vraie partie de campagne. Le repas achevé, nous repartons pour traverser le lac et rejoindre la caravane. Nous n'étions pas arrivés au milieu du lac qu'une brusque rafale passe, puis une seconde, puis une troisième. De nouveau, la tempête ! Décidément la chance ne m'est guère favorable dans mes navigations. Instruit par ma récente expérience sur le Lighten, immédiatement je vire de bord pour regagner le plus rapidement possible la rive que nous venons de quitter. Après une vigoureuse nage, nous allions aborder, lorsque nous apercevons deux gros loups. En fait d'armes nous n'avons que nos couteaux de poche. La présence de ces animaux nous donne à réfléchir ; ma foi mieux vaut la lutte contre la tempête que contre ces affreuses bêtes, et nous repiquons au large, pour nous diriger vers la rive sud.

Poussés par un vent furieux, des heures et des heures nous filons bon train ; néanmoins jamais la côte méridionale n'apparaît. La nuit vient ; toujours point de terre en vue. Nous sondons 10 mètres, puis 8, enfin 6. La terre ne doit plus être loin. En conséquence nous prenons nos dispositions pour aborder.

Juste à ce moment, les rafales augmentent de force. Maintenant ce sont des trombes de vent. Dans ces conditions, ce serait folie de tenter l'atterrissage ; nous serions infailliblement roulés et noyés par la barre ; pour la troisième fois, nous reprenons le large. Heureusement à quelque temps de là, derrière une saillie de la côte, nous pouvons prendre pied sans accident. La côte, toute noyée, est un bourbier, au milieu duquel émergent, pareilles à des îles, de rares plaques de sel. Dans l'obscurité, nous ne pouvons traverser ce marécage ; d'ailleurs quelle direction prendre ? Aucun feu en vue, la caravane n'est donc pas dans ces parages. Le plus sage est de nous installer sur un îlot de sel et d'attendre patiemment le jour. Pas précisément agréable notre situation ! Une humidité pénétrante et 8° sous zéro ! Bientôt nous éprouvons un froid douloureux aux pieds. Pour rétablir la circulation, je bats la semelle avec acharnement, l'exiguïté de notre île ne permettant pas d'y faire les cent pas. Dans de telles conditions, combien longue paraît la nuit. Enfin, à quatre heures et quart, une lueur vague blanchit à l'est ; aussitôt Rehim qui, lui, a dormi roulé dans la voile, part à la recherche de combustible et bientôt revient avec une brassée de racines. Quelques instants après, un beau feu flambait et rendait le mouvement à nos membres raidis par le froid. Deux heures plus tard, Mohammed Isa arrivait ; pour la seconde fois en quelques jours, ce brave homme nous sortait d'une situation critique.

... Nous sommes ici en pays connu. Dutreuil de Rhins, Wellby, Deasy, Rawling, et tout récemment Zugmayer ont visité le Yechil-koul. Combien j'ai hâte de sortir de cette région déjà figurée sur les cartes et d'arriver dans des terres vierges. Je voudrais doubler les étapes, mais hélas ! l'état des animaux du convoi m'oblige à la lenteur. Nous avons déjà perdu 15 chevaux et 1 mule.

Pl. 6a. Le Poul-tso

L'étape suivante nous amena sur les bords d'un nouveau lac, le Poul-tso. Pendant que la caravane prend un jour de repos, j'entreprends une nouvelle navigation. Cette fois, elle se passa le mieux du monde. Le Poul-tso se compose de deux bassins presque isolés ne communiquant que par un chenal, large tout au plus de 60 mètres. Le plus méridional est creux de 19 mètres, la cuvette septentrionale de 17 mètres, avec une eau rougeâtre due à la présence d'innombrables crustacés. Les rives du Poul-tso portent un étagement remarquablement net de quatre terrasses, hautes chacune de 2 mètres.

Depuis trois jours, à sept heures du soir exactement, éclate une furieuse tempête d'est. Un phénomène météorologique digne de mention ; très rarement, en effet, au Tibet, le vent souffle de cette direction. Dans l'état de la caravane, ces ouragans sont une calamité. Lorsqu'il vente, les animaux ne peuvent pâturer et par suite s'affaiblissent rapidement. Durant ces deux derniers jours, nous avons perdu 3 chevaux et 1 mule ; le convoi ne compte plus que 74 bêtes et sur ce nombre 15 sont fourbues et tomberont d'un moment à l'autre.

Le lendemain, la tempête continue à faire rage ; quoi qu'il en soit, il faut avancer. Le terrain est heureusement bon, du sable et du gravier. Mais quel froid à cheminer ainsi le nez dans le vent ; malgré l'épaisseur de ma pelisse et un matelas de vêtements, je suis littéralement transpercé. Quoi qu'il en soit, il faut manier la boussole, prendre des relèvements et les porter sur le carnet. Dans ces régions, le métier de topographe devient douloureux.

Durant cette étape, deux chevaux tombent épuisés.

1er Octobre. — Que nous réserve ce mois ? Pourrai-je réaliser mon espoir de boucher un des grands blancs de la carte du Tibet ? En tout cas, je vais essayer. Dieu tout-puissant, accorde-nous ta protection, seule elle peut nous conduire à la victoire !

Toujours la tempête, marche encore plus pénible qu'hier. Avant de partir, pour emmagasiner de la chaleur, je me rôtis au feu de bivouac ; une fois en selle, aveuglé et gelé par la bise, je ne songe plus qu'à faire halte le plus tôt possible, pour pouvoir me chauffer de nouveau. Tel le voyageur qui parcourt les déserts brûlants est obsédé par la hantise de l'oasis où il trouvera l'ombre bienfaisante.

Une immense plaine très large, avec seulement çà et là quelques monticules de grès rouge ; au sud-est le massif Deasy ruisselant de glaciers.

Pendant cette étape, un cheval reste en arrière. Un homme envoyé à sa recherche rapporte que la malheureuse bête a été dévorée par les loups.

A neuf heures du soir, — 9,5°.

Longé un petit lac, en partie gelé. A son extrémité ouest, le vent a entassé sur la rive une murette de glaçons, haute de 0,30 m. L'eau de cette nappe est à l'état de surfusion ; dès que le vent tombera, elle sera entièrement prise.

2 Octobre. — La nuit dernière, 20° sous zéro ! Toujours une plaine sans fin, avec, de chaque côté, très loin, très loin, des montagnes neigeuses.

Des heures et des heures, à travers cette immensité uniforme. Nous cheminons dans l'est-nord-est. Quand enfin pourrons-nous faire route vers le sud-est, vers l'inconnu ?

Le soir, campé sur les bords d'une mare d'eau douce. Pour protéger les animaux contre le froid de la nuit, on les couvre de feutres et de sacs vides.

... Dans l'est, derrière les montagnes, la pleine lune se lève toute rouge, pareille à un globe de feu. A mesure qu'elle monte, elle pâlit et enveloppe les cimes neigeuses d'une blancheur éblouissante. Le vent s'est tu ; en revanche, le froid est devenu très vif, — 22° !

... Encore deux étapes à travers cette plaine immense, la plaine des Antilopes de Deasy. Toute la journée, on marche et le soir, il semble que l'on n'ait pas changé de place, tant le paysage est uniforme.

Maintenant, le départ n'a plus lieu qu'à 8 heures et demie du matin, pour permettre aux animaux de pacager avant de commencer l'étape. A une heure de l'après-midi a lieu la grande halte. Robert, chargé des observations météorologiques, lit ses instruments ; je dessine le panorama, et prends des relèvements ; pendant ce temps, les animaux se reposent et pâturent. Pour nous, c'est une halte sèche. L'ordinaire de la caravane ne comporte, en effet, que deux repas, le déjeuner à huit heures et le dîner à six heures. Cet arrêt n'en est pas moins attendu avec impatience ; il permet, en effet, de se réchauffer en faisant les cent pas.

... Toujours un terrain admirablement plat, si bien que les eaux demeurent pour ainsi dire stagnantes.

Soudain au nord-ouest, le ciel jaunit. Au bout de l'horizon, dans cette direction, des trombes de sable s'élèvent. Encore une nouvelle tempête ! Quel climat !

Cinq minutes après, le vent fond sur nous avec une force terrible ; puis une demi-heure plus tard, il vire à l'est ; donc le type classique du cyclone. A nos dépens, nous vérifions les lois qui président aux mouvements de l'atmosphère. Nous arrivons au bivouac littéralement gelés.

... Dans la nuit du 6 au 7 octobre, — 24,8° !

La région explorée par Rawling est maintenant passée. Après la haute plaine que nous avons suivie pendant tant de jours, voici maintenant une série de reliefs peu accusés. De leur sommet, un nouveau panorama se découvre, une immense nappe d'eau bleue, frangée d'une large blancheur de sel. Sur sa rive ouest, ces dépôts couvrent une vaste plaine et forment comme des dunes au-dessus desquelles le vent soulève des panaches de poussière blanche. Vers l'est-nord-est, s'étend toujours la large et monotone vallée à travers laquelle nous avons cheminé, et que Wellby et Malcolm ont suivie vers l'est.

Maintenant nous allons marcher dans le sud-est, sans risquer de rencontrer des régions déjà parcourues. Devant nous, c'est un immense espace de terres vierges, formant un vaste triangle entre les routes de Dutreuil de Rhins, de Wellby et de Bower. Traverser ce grand espace blanc, qui, sur les cartes anglaises, porte la mention : *Unexplored*, constitue un des principaux objets de ma nouvelle entreprise au Tibet. Me voici donc à l'orée d'un de mes rêves longtemps caressés. Une douce joie pénètre tout mon être ; les caravaniers semblent partager ma satisfaction. Eux aussi, ils sont tout heureux d'entrer dans un pays mystérieux, et c'est en chantant qu'ils dévalent vers le lac, vers les régions où les attend pourtant un nouveau et rude combat contre une âpre nature. Mais dût-il en souffrir, l'homme aime le nouveau.

Chapitre III

À travers l'inconnu

La vie au camp. Effrayante mortalité des animaux du convoi. Disette d'eau. Traces humaines. Je tombe malade. Un Klondyke tibétain. Abondance de gibier. Tragique aventure avec un yak.

Étape de 19,3 kilomètres le 8 octobre. Demain, jour de repos. Pour fêter cet événement, après le souper composé de thé, de farine grillée et d'antilope rôtie, les caravaniers dansent autour du feu en chantant gaîment. Ils sont heureux d'être arrivés aussi loin, et tous se sentent encore frais et dispos, prêts à affronter de nouvelles fatigues.

Depuis le Karakoram, nous avons parcouru 533 kilomètres ; pour atteindre le Dangra youm-tso, il nous en reste à franchir 660.

10 Octobre. — Après une nuit froide (— 23°), ciel calme, et ensoleillé.

Un cheval meurt au bivouac ; c'est la vingt-sixième bête que nous perdons.

Le lendemain, une mule tombe épuisée. Une file de cadavres jalonne la route suivie par la caravane. Désormais, chaque jour pour ainsi dire, l'hécatombe continuera. Le 13 octobre, nos pertes s'élèvent à 30 chevaux et à 7 mules ; le convoi ne compte plus que 57 animaux.

... Les étapes sont maintenant courtes ; avant le crépuscule, nous installons le camp. Jusqu'à l'heure du couvre-feu, les occupations ne manquent pas. Retiré dans ma tente, je copie les notes prises dans la journée, et étudie les cartes ; après cela, je lis, tantôt des romans, tantôt la géographie physique de Supan ou encore des ouvrages sur le bouddhisme et le lamaïsme. A neuf heures, observations météorologiques et hypsométriques. Je cause un moment avec Robert, ensuite au lit ! Mon couchage se compose d'un matelas de caoutchouc et de feutres, recouverts d'une très large peau de chèvre qui me sert de draps. Par-dessus, j'entasse d'autres feutres, mon ulster et ma pelisse.

Le matin, lorsque l'ouragan souffle, pas précisément agréable le *tub*, que je prends chaque jour au réveil, d'autant que les vêtements que j'endosse ensuite sont littéralement glacés. Mes ablutions divertissent beaucoup les Ladakis, qui eux, n'ont naturellement cure des soins de propreté. Les nombreuses colonies de parasites qu'ils abritent ne les gênent guère. Ma répulsion à l'égard de ces insectes est pour eux un sujet fécond de plaisanteries. Entre mes gens et moi, naturellement je ne pouvais point établir de cordon sanitaire ; des caravaniers allaient et venaient dans ma tente et manipulaient mes effets de couchage. Aussi maintes fois je dus avoir recours à l'eau bouillante, pour me débarrasser de l'ennemi qui avait réussi à pénétrer dans la place.

Lorsque ma petite bibliothèque de romans fut épuisée, pour passer le temps, je faisais raconter aux Ladakis des légendes de leur pays, ou les explorations auxquelles ils avaient pris part antérieurement. Sur ce dernier sujet, il n'était pas facile d'en tirer quelque chose de précis ; des faits qui nous sembleraient frappants, n'avaient produit sur eux aucune impression. Rarement, par exemple, ils savaient le nom des Européens au service desquels ils étaient restés pendant des années. En revanche, ils se rappelaient toujours le nombre d'animaux que comptaient leurs caravanes et même la couleur de la robe de ces animaux. En outre, très remarquable était leur mémoire des localités. Ils se souvenaient des noms de tous les camps qu'ils avaient faits, comme des moindres particularités du terrain environnant, et de la qualité du pâturage.

14 Octobre. — Cette nuit encore un cheval meurt !

Pays très monotone : une série de petites crêtes orientées est-ouest, et, entre elles, de larges vallées. Telle une mer tumultueuse subitement pétrifiée.

17 Octobre. — Furieuse tempête d'ouest. Aujourd'hui le thermomètre ne dépasse pas — 5,1°, à une heure de l'après-midi. Ce soir, à 9 heures, il descend à — 12,6° et dans la nuit à — 28,2°, la plus basse température observée depuis le début du voyage.

Une mule est trouvée gelée au bivouac. Le convoi ne compte plus que 54 bêtes. Pourront-elles nous conduire jusqu'aux premiers campements tibétains ?

Deux jours plus tard, deux chevaux succombent.

... Une suite interminable de montées et de descentes. Le 18 octobre, un col de 5 357 mètres ! Un terrain épuisant pour mes malheureuses bêtes fourbues. Et, pour comble de malheur, la neige !

20 Octobre. — Encore une journée terrible.

Par une tourmente, passé un nouveau col à l'altitude de 5 611 mètres. Cette ascension nous coûte un cheval. Le soir, au campement, ni eau, ni pacage, ni combustible et toujours la neige !

Le lendemain, aveuglée par la tourmente, une partie de la caravane s'égare au milieu des montagnes. Température — 27,4° ! Quatre animaux tombent pour ne plus se relever ! Si le temps ne s'améliore pas, qu'allons-nous devenir en présence de cette mortalité ? A ce train-là, dans une semaine au plus, le convoi sera entièrement décimé. Aurons-nous alors la force de porter nous-mêmes les bagages et les approvisionnements jusqu'aux premiers campements tibétains ? C'est douteux, alors nous aussi, nous succomberons à notre tour. Dans tous les cas, nous nous trouverons à la merci des indigènes et il leur sera loisible de nous barrer la route de Chigatsé. Ce sera alors la fin de mon rêve et l'anéantissement de mes ambitions.

Singulièrement pénible, une traversée nord-sud du Tibet. Il faut, en effet, escalader perpendiculairement à leur direction générale tous les massifs qui hérissent cette énorme boursouflure de l'écorce terrestre et chacune de ces ascensions est un calvaire pour le convoi. En vérité, elle répond à la réalité, la couleur rouge adoptée pour marquer sur les cartes l'itinéraire de l'expédition ; c'est, en effet, une voie de sang.

Non, jamais je ne pourrai donner au lecteur une impression même affaiblie des souffrances que nous endurons au milieu de ces montagnes, sous la bise glacée et les aveuglantes rafales de neige.

Le 24 octobre, après un nouveau col diabolique de 5 501 mètres, voici enfin un terrain relativement facile. La traversée du dernier massif montagneux nous a coûté 21 chevaux et mulets ; je ne possède plus que 38 bêtes ! Pour les reposer, nous faisons une halte de trois jours ; mais est-ce un repos, avec un pareil temps. Toujours l'ouragan et des températures de — 21° à — 28° la nuit.

... Aux environs du camp, des éclaireurs découvrent trois abris en pierres sèches. Aussitôt, grande joie dans toute la caravane. Après deux mois passés dans cet atroce désert, tout le monde a hâte de sortir de l'isolement et de voir des semblables, quels qu'ils soient. Ces murettes me paraissent très anciennes ; aussi je suis loin de partager l'opinion générale. En tout cas, c'est un signe.

28 Octobre. — Encore deux morts. Un vol de corbeaux attiré par la file de cadavres que nous semons derrière nous, nous fait escorte.

Le soir, trouvé les vestiges d'un feu de bivouac. Évidemment, nous approchons des terres habitées.

29 Octobre. — Encore la tempête. Depuis deux jours, les bêtes n'ayant pas été abreuvées, dès l'aube, nous partons à la recherche d'un lac ou d'une mare. Peine inutile, tout est gelé. Finalement, nous trouvons du *japkak* en abondance ; nous allumons alors un grand feu sur lequel on place deux grands chaudrons remplis de neige et de glace. C'est le seul moyen de fournir aux animaux l'eau dont ils ont besoin ; encore devons-nous la leur distribuer avec parcimonie.

Pl. 7. Nous faisons fondre de la neige pour abreuver les animaux de la caravane.

... Traces humaines de plus en plus fréquentes. Le plus tôt que nous pourrons joindre un campement tibétain, sera le mieux. Aussi, le lendemain, malgré un ouragan furieux, poursuivons-nous notre route. Le froid est si intense, qu'à plusieurs reprises, je me blottis dans un ravin pour allumer un maigre feu et me réchauffer pendant quelques instants.

Au bivouac, j'arrive fourbu et transi. Jamais auparavant, je n'avais éprouvé une aussi pénible impression de froid. Dès que mon couchage est prêt, je m'étends tout habillé, n'ayant pas même la force de me dévêtir. Je claque des dents et en même temps éprouve d'intolérables douleurs de tête.

Robert, qui a été infirmier à l'hôpital de Srinagar, me soigne avec un dévouement et une intelligence dont je lui garde une profonde reconnaissance. Pendant trois jours et demi, j'ai une fièvre de 41,5°. Durant ce temps, toujours la tempête et des froids de 26 à 29 degrés. Un moment, je me sentis très mal ; j'eus alors l'impression que la terre du Tibet voulait me garder pour toujours. De cette courte et violente maladie, je sortis très affaibli. Le premier jour où je voulus me remettre en route, il fallut me hisser en selle comme un ballot. Je ne suis pas d'ailleurs le seul malade. Le tiers de la caravane souffre de maux de tête et d'épuisement. On ne demeure pas impunément, pendant près de trois mois de suite, à des altitudes de 5 000 mètres et plus.

4 Novembre. — Étape relativement facile, terrain ondulé, partout un maigre pacage. Rencontré les vestiges de quatre anciens campements. Évidemment, des nomades en nombre relativement grand viennent passer l'été dans cette région et à l'approche de l'hiver émigrent au sud.

Aujourd'hui, un cheval reste en arrière. De 58 que comptait la caravane au départ, il n'en reste plus que 16.

5 Novembre. — Au prix de pénibles efforts, nous gravissons un massif de collines. Au delà, un ravin nous amène dans une grande vallée encadrée de mamelons rouge pourpre.

Le soir, bivouaqué près d'un ancien campement tibétain. Nous y trouvons un fragment de tasse en bois et quelques guenilles. Un peu plus loin se rencontrent les vestiges d'un établissement important ; il y avait là vingt tentes. Autour, le sol est percé de trous et couvert de monticules de sable qui a été extrait de ces cavités. Ce sable renferme des paillettes d'or. Nous nous trouvons donc en présence d'un ancien campement de mineurs... Plus loin, très nombreuses deviennent les fouilles. Partout des tas de sable, les uns, tout frais, qui ont dû être travaillés l'été dernier, les autres plus anciens et déjà envahis par la végétation. Cette région est un Klondyke tibétain.

Vers le bas de la vallée, plusieurs sources dont la température s'élève à + 14°.

Dans la journée, un éclaireur surprend un troupeau de yaks, au moment où il va s'abreuver à son torrent. Avant que ces animaux aient pris la fuite, notre homme réussit à en abattre un. La bête était monstrueuse ; pour la remuer, les efforts réunis de pas moins de douze vigoureux gaillards sont nécessaires.

Pl. 8. Un yak sauvage

Nous dépassons le Lachoung-tso, en côtoyant à droite des cimes escarpées bordées de cônes de graviers et d'éboulis.

7 Novembre. — Sur des rochers glissants comme du verre, des troupes agiles d'*Ovis Ammon* galopent avec la plus merveilleuse sûreté. Ensuite passe une troupe de vingt antilopes, et, à chaque instant, des lièvres nous passent dans les jambes. Enfin, au milieu de ce grouillement de gibier relativement menu apparaît un nouveau troupeau de cinquante yaks !

Une fois le campement installé, accompagné de Robert et de Rehim, je vais prendre des relèvements. Non loin de nous, un gros yak pâture paisiblement. Bast ! comme nous n'avons pas l'intention de l'attaquer, il nous laissera accomplir tranquillement nos opérations topographiques. Soudain, du camp, un des caravaniers lui envoie un coup de feu ; aussitôt l'énorme bête entre en rage et à toute vitesse dévale vers nous. « Par Allah ! nous sommes perdus ! » s'écrie Rehim, et il se sauve à toutes jambes vers le camp ; en même temps Robert et moi, qui sommes montés, battons lentement en retraite, pour empêcher nos chevaux de s'emballer. Dans son effroi, le malheureux Rehim perd complètement la tête ; au lieu de poursuivre sa course vers les tentes, tout d'un coup il court nous rejoindre pour fuir avec nous, cramponné à la queue du cheval de Robert.

... Le yak est maintenant à 20 mètres de moi, il fonce de mon côté au galop, les cornes baissées, les yeux injectés de sang. C'est à moi qu'il en veut ; je m'apprête donc à jouer le rôle de toréador. En attendant, pour me dégager, je lui lance sur le dos mon *bachlik*, mais, dans sa colère, le monstre ne sent pas ce mince morceau de laine. J'enlève alors ma pelisse pour la lui envoyer sur le mufle. La situation est des plus critiques. Dans une seconde, le taureau défoncera le poitrail de mon cheval et nous lancera en l'air tous les deux. Juste à ce moment, j'entends un grand cri. Brusquement le yak s'est détourné de moi, et jeté sur Rehim. D'un coup de tête il a renversé le malheureux caravanier et le piétine avec rage. Aussitôt, je galope au secours de mon compagnon, tandis que tous les autres arrivent à la rescousse en poussant des hurlements. Devant ces cris, l'ennemi prend peur et se décide enfin à la retraite.

Rehim est évanoui. Grâce aux bons soins de Robert, il revient promptement à lui ; notre brave Ladaki a eu heureusement plus de peur que de mal. Quoi qu'il en soit, pendant plusieurs jours, il demeura comme hébété, si bien que j'en vins à craindre pour sa raison.

8 Novembre. — Pendant la nuit — 27°. Comme nous faisons route au sud, la température, au lieu de baisser de plus en plus, à mesure que l'hiver avance, demeure stationnaire.

Un col peu élevé nous amène dans une nouvelle vallée longitudinale. Vers le sud-est le pays paraît ouvert.

Toujours une extraordinaire abondance de gibier ; partout, des pistes de yak ! Notre récente aventure nous a rendus prudents à l'égard de ces animaux ; personne ne songe plus à aller les troubler sur leurs pâturages. Partout également des troupes d'ânes sauvages et d'antilopes.

Aujourd'hui, perte d'une mule. Plus que 32 animaux !

9 Novembre. — L'étape s'accomplit sur un terrain plat.

Tout d'un coup un énorme yak débusque d'un ravin et, se dirigeant vers la caravane à toute vitesse, il va foncer sur les moutons qui marchent en tête de la colonne, lorsqu'arrivé à quelques pas du troupeau, il s'arrête, puis fait demi-tour.

Je me sens toujours très faible. J'éprouve un épuisement profond dont aucun sommeil ne peut me remettre.

Près du campement, trouvé des vestiges d'un feu de bivouac tout récent. Pas à pas, nous approchons des terres habitées. Pourvu que les premiers êtres humains que nous allons rencontrer ne veuillent pas nous barrer la route et nous obliger à la retraite.

Chapitre IV

Les premiers Tibétains

Entrevue avec des indigènes. Importance du rôle géologique du vent. Achat de yaks domestiques et remonte de la caravane. Froid intense. Nouveaux campements tibétains. Caractères orographiques du pays. Arrivée au lac d'ammoniaque. Je suis découvert.

Ce soir, les loups hurlent lamentablement, attirés par le fumet de toute la viande fraîche que le camp renferme. Pour les éloigner, nous leur tirons des coups de feu ; quelques heures plus tard, ils n'en reviennent pas moins attaquer nos chevaux, et, malgré les efforts des sentinelles, les dispersent. Des hommes passent ensuite une partie de la nuit à rattraper nos malheureuses bêtes effarées. C'est miracle que dans l'obscurité, au milieu d'un terrain hérissé de rochers et déchiré de ravins, cette galopade effrénée n'ait pas entraîné quelque accident.

10 Novembre. — Aujourd'hui, croisé une piste d'homme et des traces de cinq yaks domestiques. Elles ne remontent pas à plus de trois jours. Sur ces entrefaites, un éclaireur signale une tente tibétaine. Immédiatement, je réunis en conseil Mohammed Isa et les fortes têtes de la caravane, afin de délibérer sur la conduite à suivre. Devons-nous éviter les campements indigènes et filer furtivement vers le sud jusqu'à ce que le convoi soit à bout de forces ou bien est-il préférable d'entrer en relation avec les nomades et de leur acheter ce dont nous avons besoin ?

Le conseil de guerre adopte à l'unanimité la seconde proposition que j'avais soutenue énergiquement ; aussi bien, de suite, un gaillard avisé, les poches pleines de roupies, part en ambassadeur auprès des Tibétains. En tout pays, les arguments sonnants font toujours impression.

La tente n'est habitée que par une femme et ses trois enfants ; les hommes sont pour le moment absents. Ces nomades sont du district de Giertsé, situé dans le sud-ouest, à vingt-cinq petites étapes d'ici. D'après les renseignements donnés par la femme, la région dans laquelle nous nous trouvons porte le nom de Gomo-Seloung.

Après 79 jours d'isolement, nous voici de nouveau en contact avec l'homme. Puisse ce contact être pacifique !

Pl. 9. Les premiers Tibétains que nous ayons rencontrés.

Le soir, furieuse tempête. Sous la violence des rafales, les montants de ma tente plient et la toile menace de se déchirer. A tout moment, je m'attends à la chute de l'abri. Soulevés par ce vent irrésistible, sables et graviers volent dans l'air, parallèlement à la surface du sol. La tempête racle pour ainsi dire la terre et enlève tout ce qu'elle a la force d'entraîner. Quelle énorme masse de matériaux ces ouragans arrachent aux roches en place et transportent ensuite au loin, cela passe toute imagination. Ici le vent est un des principaux agents du modelé terrestre.

12 Novembre. — Cette nuit deux chevaux sont morts ; ce matin un troisième est mourant. Hier soir, ils paraissaient bien portants. Pris subitement de tremblements, ils se sont affaissés et expiraient quelques heures plus tard. Nous n'avons plus que 13 chevaux ! Si cette mortalité continue, l'abandon d'une partie des bagages s'imposera à brève échéance.

Commencée dans la tristesse, cette journée se termine dans la joie. Le soir, en effet, nous rencontrons deux Tibétains. Ils acceptent de nous servir de guides et de nous vendre cinq yaks porteurs. Cet achat procure à notre cavalerie décimée un précieux renfort. Du coup, la situation s'améliore singulièrement, et l'avenir m'apparaît en rose.

Comme la femme rencontrée hier, ces indigènes sont de Giertsé. Chaque hiver, quarante à cinquante familles de ce district viennent hiverner dans ces parages pour y chasser.

Pl. 10a. Yaks porteurs

14 Novembre. — Temps calme et clair, mais très froid. Pendant la nuit, le thermomètre est descendu à — 27° !

Au moment de partir, on m'annonce que les chevaux de nos guides se sont échappés. Peut-être est-ce un coup monté par leurs maîtres pour nous fausser compagnie ? Donc, par mesure de prudence, des caravaniers accompagnent le Tibétain à la recherche des montures, tandis que je garde l'autre près de moi. Il est nécessaire d'avoir sous l'œil nos nouveaux compagnons, afin de les empêcher de se sauver et d'aller prévenir de notre arrivée les autorités de Giertsé.

Quelques heures plus tard, les chevaux tibétains sont retrouvés ; nous pouvons donc poursuivre tranquillement notre route.

A l'arrivée au bivouac, nos guides paraissent complètement familiarisés avec nous et ne témoignent aucune velléité de fuite. Ils aident à l'installation du camp, vont rechercher le combustible et pansent les bêtes ; bref, ils travaillent comme les autres caravaniers. Très certainement, ces gens ignorent que leur pays m'est interdit ; en tout cas, leur attitude indique que le gouvernement de Lhassa n'a point envoyé l'ordre de m'arrêter.

Pl. 11b. Le repas du soir.

... Chaque jour, je pénètre de plus en plus profondément au milieu du Tibet mystérieux, au travers de cette large tache blanche que je me proposais de noircir. Mon rêve s'accomplit !

15 Novembre. — Rencontré une nappe de glace engendrée par la congélation de l'écoulement d'une source ; elle s'étend sur toute la largeur de la vallée.

Dans la traversée de ce passage, un cheval tombe pour ne plus se relever. Le matin, au moment du départ, une mule a également succombé ; elle était partie allégrement, lorsqu'à cent pas du bivouac elle s'est affaissée ; quelques instants après elle mourait.

Pl. 11a. Un guide tibétain

Très intéressants, nos deux guides. Leur habillement se compose tout simplement d'une sorte de toge en peau et de bottes de feutre ; de pantalon, point.

Malgré l'absence de ce vêtement ils restent des heures en selle par 25° sous zéro, sans paraître sentir quoi que ce soit. Inutile d'ajouter que leur saleté est repoussante. Quels admirables chevaux de montagnes que leurs poneys, agiles comme des chèvres, et, indifférents à la raréfaction de l'air aussi bien qu'au froid. La nuit, alors que le thermomètre descend à — 30°, ils demeurent dehors, sans couverture et sans abri. Leur nourriture consiste en viande de yak, d'antilope ou de mouton et en crottin de yack en guise de fourrages. Seul, le régime carné, assurent leurs maîtres, leur donne la force de supporter les rigueurs du climat tibétain.

Après avoir traversé le mont Seoyouna, nous gravissons le Tiacktiom la [2], un col de 5 433 mètres. Du sommet, se découvre vers le sud un horizon de pics de toutes les couleurs, un arc-en-ciel de montagnes ; il y en a de jaunes, de roses, de violettes. Pas le plus petit bout de plaine ! Encore une région qui nous réserve de dures étapes.

Pl. 10b. Le partage des meilleurs morceaux

---

[2] La, col en tibétain (Note du traducteur).

Nos guides, ne pouvant demeurer longtemps loin de leurs campements, nous quittent demain. En rémunération de leurs services, je leur fais compter trois roupies [3] par jour ; de plus, comme souvenir, je remets à chacun d'eux un poignard du Cachemire et un lot de petites boîtes en fer-blanc vides. Ce dernier cadeau paraît avoir à leurs yeux plus de valeur que l'argent.

La nuit suivante — 30,6° ! Par une pareille température, la vie sous la tente est dépourvue d'agrément. Le soir, tandis que j'écris mon journal près d'un brasero, l'encre gèle ; le matin, mon tub se couvre instantanément de glaçons.

A la fin de la journée, sur les bords du Doungtsa-tso, nouveaux campements indigènes, 5 tentes avec 40 habitants, un millier de moutons, 60 yaks et une quarantaine de chevaux. Comme nos guides des jours précédents, ces nomades sont de Giertsé ; arrivés ici depuis dix jours, ils comptent demeurer trois mois dans ces parages. Ces Tibétains nous font un accueil amical et acceptent avec empressement de me vendre trois yaks porteurs. Grâce à ce renfort, les charges des chevaux et des mules vont être allégées. Également avec la plus grande complaisance, les indigènes me renseignent sur la route vers le Bogtsang-tsangpo.

Évidemment les autorités ignorent mon arrivée et n'ont pris aucune mesure à mon égard. Autrement nous aurions déjà été inquiétés. Lorsque l'ordre d'arrêter un voyageur a été envoyé aux nomades, il est rapidement exécuté, comme j'en ai fait l'expérience dans mes voyages antérieurs.

Comparés aux pauvres hères rencontrés les jours précédents, ces pasteurs sont des gens à leur aise. L'un d'eux est une manière de gros personnage. Alors que ses compagnons

---

[3] La roupie vaut 1 fr. 67 (Note du traducteur).

portent un bonnet de peau de mouton blanc, lui est coiffé d'un beau turban rouge et vêtu d'une robe de fourrure garnie de drap écarlate. Tous les habitants du campement lui témoignent d'ailleurs un grand respect.

22 Novembre. — Durant ces cinq derniers jours, nous avons parcouru 67 kilomètres dans le S. 33°E. — Maintenant nous suivons un chemin battu ; plus de 50 pistes de caravanes se suivent parallèles.

L'orographie de cette région n'est ni aussi simple, ni aussi nette que celle des parties du Tibet situées plus à l'est. Tandis que dans cette dernière région, des chaînes élevées alternent régulièrement avec de grandes vallées ouvertes est-ouest, la zone que nous traversons n'est qu'un dédale inextricable de reliefs relativement peu saillants. Point de plaines, mais point non plus de ces hautes coupoles glacées si fréquentes dans le Tibet oriental.

Aujourd'hui, la température monte ; le thermomètre marque seulement — 20°. En revanche, la tempête se lève. La fréquence des ouragans est la principale cause de l'épuisement des caravanes dans les voyages au Tibet.

Aujourd'hui, faisant route au sud-sud-est, nous sommes pris de flanc par le vent ; à chaque instant, il nous semble que nous allons être culbutés par la rafale ; en même temps, nous sommes aveuglés et meurtris par la mitraille de graviers que nous lance la tempête. Piqués par la poussière, les yeux pleurent abondamment ; la congélation de ces larmes recouvre les joues d'une couche de glace.

Dans ces conditions, interminable paraît l'étape. A l'arrivée au bivouac, nous sommes tous transis, plus morts que vifs. Au milieu de ce déchaînement, ce n'est pas un mince travail que de dresser les tentes et encore moins d'allumer le feu. Dès qu'il est pris, hommes et bêtes se précipitent autour du brasier pour se réchauffer à sa flamme bienfaisante...

... Quelle nuit ! le vent souffle en rafales terrifiantes. On dirait que l'air descend des montagnes en cascades tumultueuses. Les tentes résisteront-elles à ces trombes ?

Et qu'arrivera-t-il si elles sont enlevées ? Des heures je veille, attendant d'une minute à l'autre la catastrophe redoutée.

24 Novembre. — Dans un mois, la Noël ! Pourrons-nous tenir jusque-là ? Hier et aujourd'hui, les animaux n'ont pu être abreuvés ; pour leur donner un peu d'eau, notre seule ressource est de faire fondre des blocs de glace.

Dans la nuit, quatre mules succombent ! Du brillant convoi à la tête duquel je suis parti de Leh, vingt bêtes seulement demeurent debout. Les yaks achetés aux Tibétains portent la presque totalité des charges. Sans ces animaux, la situation serait désespérée.

Attirés par l'odeur des cadavres que nous semons derrière nous, les loups s'attachent de nouveau à nos pas.

... Après une vallée uniforme, voici un sommet commandant une vue étendue. De là, apparaît dans le sud-est, entouré de terrasses et de larges dépôts de sel, le lac d'Ammoniaque découvert par Dutreuil de Rhins en 1893.

Pl. 12. Sur le plateau

Tandis que l'explorateur français a côtoyé la rive orientale de ce bassin, je suis sa côte occidentale. Au sud de ce lac, je coupe la route de Bower (1891) ; puis, après quelques étapes dans une région inconnue, je croise les itinéraires de Nain Saigh (1873), de Littledale (1895) et celui que j'ai pris en 1901.

Dans la nuit du 25 au 26 — 33,2° la plus basse température observée jusqu'ici. Terrain moins difficile. Un col peu élevé, puis des plaines peuplées de troupeaux de *kiangs* ; finalement un large bassin montagneux ; au milieu, un lac presque entièrement desséché, avec les habituels dépôts de sel qui de loin miroitent comme des nappes de neige fraîche. Dans cette localité qui porte le nom de Mogbodimrop, nous rencontrons six tentes indigènes. Elles ne sont occupées que par des vieillards et des enfants, les hommes et les femmes valides étant partis soigner les troupeaux. Ces indigènes sont de la province de Naktsang et par suite dépendent de Lhassa.

Mauvaise affaire ! Je suis découvert ! Ces indigènes savent la présence d'un Européen dans notre caravane. L'un d'eux représente à Mohammed Isa que ce pays nous est fermé.

— Nous ne sommes pas de force à vous arrêter, ajoute-t-il, mais nous vous engageons à rebrousser chemin ; sans cela il pourra vous en cuire, ajoute-t-il.

— Comment ? répond mon chef de caravane, on voudrait nous empêcher d'aller rendre nos devoirs au Tachi-Lama.

— Qu'importe, riposte son interlocuteur, ce pays dépend du gouvernement de Lhassa et non du Tachi-Lama.

Donc il devient de toute nécessité de gagner le plus tôt possible les territoires où l'autorité du grand pontife de Chigatsé est reconnue.

Le lendemain arrive un indigène minable, d'une saleté repoussante. Il dit appartenir à une caravane de pèlerins du Naktchou qui revient de visiter le lac sacré et la montagne sainte du Ngari-Korsoum. Un tel voyage dure, paraît-il, deux ans et même plus ; les Tibétains ignorant la valeur du temps, s'arrêtent des semaines sur les bons pâturages, afin de ménager leurs animaux.

Décembre. — 31,2° sous zéro ! A peine en route, une mule tombe morte. Aussitôt cinq loups se précipitent sur son cadavre ; lorsque l'arrière-garde passe, ils ne se dérangent même pas de leur lugubre repas.

Dans la journée, achetons deux yaks et trois moutons. Les vendeurs connaissent, eux aussi, la présence d'un Européen dans la caravane ; lorsque je passe, l'un d'eux me désigne du doigt.

Le lendemain, rencontre de deux indigènes qui, ma foi, ont fort bon air avec leurs turbans rouges, leurs robes de fourrure relativement propres, bordées d'étoffes voyantes, et leurs dagues à poignée d'argent ornée de pierreries. Ces deux gaillards prétendent appartenir à la caravane des pèlerins du Naktchou. Mais ne seraient-ils pas plutôt des éclaireurs chargés de surveiller nos mouvements et d'enlever notre convoi, si une occasion favorable se présente ? Quoi qu'il en soit, ils se montrent de très bonne composition et s'engagent à nous vendre yaks et moutons. Ils promettent de revenir au camp avant le lever du soleil, pour que, disent-ils, les pasteurs voisins ne les voient pas commercer avec un étranger. Non seulement ces gens connaissent la présence d'un Européen dans la caravane, mais encore ils savent qui je suis.

— N'êtes-vous pas, me dit l'un d'eux, cet Européen, qui est arrivé il y a cinq ans dans le Naktchou avec deux compagnons et que le gouverneur de la province a obligé à rebrousser chemin. Nous ne vous avons pas vu, mais tous les habitants du pays ont entendu parler de vous, de votre caravane, de vos chameaux et des soldats russes qui vous accompagnaient.

Ainsi donc les Tibétains sont éclairés sur mon compte ; ils me savent en marche vers le cœur du pays interdit. Cette nouvelle va se répandre rapidement. En présence de cette situation, que fera le gouvernement de Lhassa ? Va-t-il essayer de m'arrêter et mes rêves vont-ils s'en aller en fumée ?

Le lendemain à l'aube, fidèles à leurs promesses, nos soi-disant pèlerins nous amènent six yaks. En revanche, ils refusent énergiquement de nous servir de guides vers le sud, à quelque prix que je leur offre.

— Non, *Bombo Tchimbo* [4], pour tout l'or du monde, nous ne vous accompagnerons pas. Au delà du col que vous apercevez là-bas, une troupe vous attend pour vous barrer la route ; elle ne vous fera aucun mal, mais vous obligera à revenir vers le nord.

Nous voici éclairés. D'un moment à l'autre, l'ennemi va paraître.

---

[4] Seigneur, en tibétain titre donné aux personnages importants.

Chapitre V

En pays interdit

Une rencontre de mauvais augure. Pays giboyeux. La vallée du Bogtsang-tsangpo. Entrevue avec un chef de district. Froids polaires. Toujours les loups. Nouvelle alerte.

Dans la journée, nous franchissons un col. Au delà toujours des crêtes orientées est-ouest ; les vallées qui les séparent sont plus larges que dans la zone située plus au nord. Bientôt cette vue grandiose s'efface dans le tourbillonnement de la neige. En quelques instants, le panorama disparaît, derrière un rideau blanc.

Soudain, en arrière, sur la nappe de neige qui couvre le versant du sol, se détachent les silhouettes de trois cavaliers étrangers. Ils font diligence pour nous joindre ; une fois à portée de voix, l'un d'eux, un gros gaillard replet, m'adresse la parole d'un ton bref :

— Qui êtes-vous ?

— Des pèlerins !

— D'où venez-vous ?

— Du Ladak !

— Où allez-vous ?

Au Dangra-youm-tso.

Les gens du Ladak n'arrivent jamais par le nord.

C'est possible, mais, nous, nous venons du nord. Et vous, d'où venez-vous ?

De chez des parents campés dans l'est. Deux étapes nous séparent encore de nos tentes.

Ces gens nous suivent au bivouac et sans plus de cérémonie s'installent dans notre camp. Seulement le lendemain à l'aube, ils filent.

A la suite de cet incident, nous avons tous l'impression que de graves événements sont imminents ; peut-être demain le sort de mon entreprise sera-t-il décidé ?

Le soir, un triste campement. Ni pacage, ni eau, ni combustible ; un ciel noir couché sur les montagnes fondant en averses de neige, avec cela toujours le sinistre bruissement de la tempête. L'ambiance des choses extérieures correspond à mes préoccupations.

4 Décembre. — Tout le pays sous la neige ; un froid de loup.

Par un pareil temps, cheminer à cheval est une torture. Le pied droit exposé à l'âpreté de la brise devient rapidement insensible, tandis que le gauche, protégé par le poitrail du cheval, garde plus longtemps la chaleur.

Des centaines d'antilopes et de *kiangs*. Les chiens leur donnent la chasse ; mais devant l'attitude ferme du gibier, ils battent en retraite, la tête basse, plus promptement qu'ils n'étaient partis.

Traversé une plaine, parsemée de larges plaques de glace produites par la congélation de sources. Cette formation glaciaire est commune au Tibet.

Dans la journée, aucune rencontre suspecte. Suivant toute probabilité, les Tibétains nous attendent sur les bords du Bogtsang-tsangpo.

Le lendemain, très fréquentes traces de gibier et de troupeaux, et nombreux vestiges de feux de bivouac.

Étape pénible à travers une série de boursouflements de terrain. Nous passons ensuite un col, et débouchons enfin dans la vallée du Bogtsang-tsangpo.

Le soir, campé à l'abri du vent derrière un éperon de rocher.

... Deux indigènes avec trois yaks passent ; ils disent venir de Lhassa, chargés d'aller recueillir du beurre chez les nomades pour les besoins du culte.

Toujours la tempête. Ce vent de sud-ouest ne se fait sentir que dans les régions inférieures ; à de grandes hauteurs, la brise souffle en sens inverse, comme l'indique la marche des cirrus. Pendant ces ouragans, la température est toujours relativement élevée. Nous sommes à l'altitude de 4 767 mètres, un peu plus bas que la cime du Mont Blanc.

Mes craintes n'étaient pas justifiées. Dans la vallée du Bogtsang-tsangpo, rien de suspect ; dans ces conditions, je laisse le convoi souffler ici un jour. Le riz, la farine grillée et la farine ordinaire sont presque épuisés ; les caissons ne contiennent plus qu'un peu de farine de froment pour mon usage personnel. Par suite, mes gens se nourrissent exclusivement de mouton ; pour rassasier tout mon monde, une tête au moins par jour est nécessaire. Aussi, chaque soir, une fois le bivouac installé, des éclaireurs s'en vont à la recherche de campements indigènes pour acheter les vivres nécessaires. Une de ces reconnaissances rentrait, lorsque nous voyons approcher six piétons. C'est le chef du district. Averti de notre marche, il est venu reconnaître la caravane et me prier de m'arrêter pour attendre les instructions du gouverneur de Naktsang. Dans une vingtaine de jours, assure-t-il, il aura reçu la réponse au message qu'il vient d'expédier.

— Vingt jours ici, tu ne parles pas sérieusement ? lui répondis-je, dès demain, j'ai l'intention de filer.

Ce chef de district avait des idées personnelles sur la politique extérieure. Maintenant que les relations entre le gouvernement de Lhassa et celui des Indes sont excellentes, il nous traitera, assure-t-il, en amis. Sans l'ordre de ses chefs, il ne peut nous fournir ni bêtes de somme, ni guide ; en revanche, il est prêt à me donner tous les renseignements que je désire.

Dans la soirée, notre homme devient plus communicatif, et m'offre de nous suivre pendant trois jours, à condition qu'il pourra nous surveiller. Il nous accompagnera à distance, et, comme un hibou, nous rejoindra seulement la nuit tombée.

Pendant cinq étapes et demie très courtes, nous suivons le Bogtsang-tsangpo, vers l'est, cheminant tantôt sur ses bords, tantôt dans des vallées parallèles. Après avoir quitté cette rivière, nous la rejoignons plus loin dans le pays de Pati-bo. Possédant une pente très faible, ce torrent décrit une infinité de méandres. La fréquence des vestiges de campement indique qu'en été la région est occupée par de nombreux nomades. Alimenté principalement par des sources, le Bogtsang-tsangpo n'a en hiver qu'un faible débit ; c'est en automne, à la suite de pluies abondantes qu'il atteint son plus haut niveau.

Actuellement, la rivière est recouverte d'une épaisse couche de glace, qui, à la suite de la baisse progressive des eaux, a pris une forme concave. Çà et là elle renferme de petits bassins d'eau libre. Ces nappes sont engendrées par des sources, dont les eaux relativement chaudes déterminent la fusion de la croûte solide. Dans un de ces bassins, Robert pêche une friture, un changement très agréable dans l'uniformité de mes menus.

... Les chaînes riveraines sont orientées est-ouest ; celle située au sud présente trois crêtes distinctes. Parfois, au lieu de suivre la grande vallée largement ouverte devant lui, le torrent fait un coude brusque et s'engage dans une gorge étroite à travers des montagnes.

... Presque chaque nuit, le thermomètre descend à — 30°, environ ; le 12 décembre, il s'abaisse même à — 31,5°.

Pendant cette période, deux mules meurent. La caravane se compose maintenant de 18 yaks, de 11 chevaux et de 4 mules. Les yaks ne pouvant fournir de longues étapes, notre marche vers l'est est loin d'être aussi rapide que je le désire.

Nous avons plusieurs malades, notamment Mohammed Isa. Mon chef de file souffre de violents maux de tête ; à plusieurs reprises pendant la journée, il s'étend à terre, tellement ses douleurs sont vives. Pour le soulager, je lui administre de l'antipyrine et de la quinine et lui prescris de marcher le moins possible.

Notre nouveau compagnon, le chef du district, est devenu un véritable ami. Tous les jours, il ordonne aux pasteurs installés aux environs de notre route de me vendre des moutons et du lait et de me fournir tous les renseignements que je désire. Plusieurs de ces nomades sont d'Ombo, pays au nord du Dangra-youm-tso. Ce district renferme un village de ce nom, avec quelques huttes en pierres ; aux environs, on cultive des céréales.

Les indigènes n'ont point entendu parler de l'arrivée dans le pays d'un courrier venu au-devant de moi de Chigatsé ; ils ignorent également que des préparatifs soient faits pour me contraindre à la retraite.

12 Décembre. — Abandonnant le Bogtsang-tsangpo, nous faisons route dans le sud-est. Ce soir, de nouveau l'ouragan, et, comme d'habitude, en pareil cas, hausse de la température. Le thermomètre à minima descend seulement à — 10,3°, alors que la nuit précédente, par temps calme, il était tombé à — 31,5° !

13 Décembre. — Ce matin une mule est trouvée morte sur le pacage.

Les loups sont de nouveau très agressifs ; pour défendre les animaux du convoi contre leurs attaques, une partie de la nuit des hommes montent la garde.

Dans la journée, franchi la crête séparant les eaux du Bogtsang-tsangpo du Dangra-youm-tso au col de Laghianiak (alt. 5 161 mètres). Du sommet de la passe, on voit la rivière serpenter vers le Dagtse-tso qui, lui, est invisible.

Au sud-est, se lève un hérissement de pics dominé par plusieurs coupoles neigeuses ; dans cette même direction apparaît un petit lac rond, le Tang-young-tsaka, qui a été vu par Nain Sing et auquel il donne le nom de Tang-young-tso.

Le pays semble complètement désert. Dans les vallées, aucune troupe de Tibétains ne se montre. La route du sud paraît donc libre. Cependant tous les indigènes savent l'arrivée d'un Européen dans le pays. La nouvelle a été mise en circulation par les premiers nomades que nous avons rencontrés, et, de campement en campement, elle a été transmise avec une rapidité incroyable.

De nouveau 31,1° de froid ! Pour laisser reposer le convoi, halte d'une journée. Pendant cet arrêt, je vais visiter une gorge étroite, taillée entre des escarpements à pic. En plusieurs endroits, sa largeur ne dépasse guère un mètre, le talweg est, par places, encombré de blocs tombés de cimes encaissantes, ailleurs occupé par un ruisseau actuellement gelé. Au pied des falaises, des grottes ont été creusées par les eaux. Dans la gorge, le vent fait rage ; lui aussi, contribue à son élargissement.

De retour au camp, nouvelle alerte ! Douze cavaliers armés sont arrivés, chargés, disent-ils, de nous contraindre à reprendre la route du nord. A cette nouvelle, une profonde tristesse me saisit. Ainsi je vais être arrêté juste à la lisière des terres vierges situées au nord du Brahmapoutre. Seul, en 1873 et 1874 Nain Sing a traversé ce territoire ; de part et d'autre de son itinéraire, immense est la tâche à accomplir. Des jours, des mois, je me suis bercé de l'espoir de parcourir ce pays, de boucher ce grand trou des cartes, et, arrivé après des mois de souffrances, à la porte de cet inconnu, une volonté plus forte que la mienne paraît devoir m'en interdire l'accès. Au moment où la victoire semblait certaine, elle m'échapperait. En tout cas, du sang-froid et attendons ; en exploration comme à la guerre, la fortune est changeante.

Chapitre VI

La Noël au Tibet

Encore une fausse alerte. Terrain difficile. La Noël. Un chant ladaki. Situation délicate. Le Ngangtsé-tso. Une exploration limnologique sur la glace.

J'étais enfermé dans ma tente, en proie aux plus sombres préoccupations, lorsqu'arrive Mohammed Isa suivi de trois Tibétains. Celui qui me paraît le chef, se dit originaire de la province de Tang-Young. Cette province s'étend, dit-il, au nord depuis le col que nous avons franchi hier jusqu'au Dangra-youm-tso dans le sud, et, de l'est à l'ouest sur une distance de trois journées de marche. Après ce préambule géographique, je tâte mon homme :

Quels motifs, lui dis-je, ont pu te déterminer à oser venir jusqu'à moi ? As-tu reçu pareil ordre d'un haut fonctionnaire.

Non certes, *Bombo tchimbo* ! Des nomades campés dans le nord nous ont avertis que 200 cavaliers étrangers marchaient vers notre pays. Il y a quelque temps, des bandes venues du Naktchou ont pillé nos campements ; aussi sommes-nous venus voir si les cavaliers annoncés n'étaient pas ces bandits. Grande a donc été notre joie de trouver, au lieu des voleurs que nous redoutions, un pacifique Européen qui paie largement tout ce dont il a besoin.

Cette réponse me réconforte. Encore une fois, ce n'est qu'une fausse alerte. Loin de manifester des sentiments hostiles, mon homme ne se fait pas prier pour nous vendre trois nouveaux yaks domestiques et pour nous procurer un guide.

Après cet incident, nous escaladons deux cols très difficiles, à l'est du pays de Rara, puis le 16 décembre, un troisième, le Pike-la (5 169 mètres), qui nous amène dans une vallée ouverte est-ouest, parallèlement à celle du Bogtsang-tsangpo.

Mes hommes commencent à ressentir la fatigue de ce long voyage si pénible, et les effets d'un séjour prolongé à cette altitude extravagante de 5 000 mètres. Robert est en proie à une fièvre intense et Sonam Tsering souffre d'une éruption déterminée par le mal de montagnes. Ce caravanier a tout le corps violet. Plusieurs autres Ladakis se plaignent de crampes et de douleurs diverses. Pour reposer les malades, je prescris une halte de deux jours.

... Après cela, toujours la même interminable chevauchée par monts et par vaux. Dans toutes les directions, de nouvelles rangées de cimes élevées. Au nord, une puissante chaîne entre les bassins du Dagte-tso et du Koung-tso, puis au sud, une seconde située au delà du Tang-young-tso.

Sur ce terrain tourmenté, un temps effroyable. Dans la nuit du 21 décembre, la tempête de sud-ouest acquiert une violence extraordinaire. Le camp est littéralement mitraillé par une pluie de pierres lancées par le vent. Six mois d'ouragan et six mois de calme relatif, tel est le régime météorologique du Tibet, d'après le guide.

24 Décembre. — Encore une rude escalade. Au pied de la chaîne que nous franchissons aujourd'hui, découverte d'un lac inconnu, le Doumbok-tso.

Ce soir, c'est la Noël. Noël ! Que de souvenirs aimés ce mot évoque dans ma mémoire et quelle poésie profonde il dégage. En ce moment, au pays aimé, les familles sont réunies dans la joie. Perdu au milieu d'un des plus âpres déserts de la terre, moi aussi, en ce jour j'aurai mon heure d'allégresse. Avec l'aide de Robert, mon seul frère chrétien de la caravane, je veux célébrer cette solennité avec tout l'éclat possible que permettent les circonstances, afin de frapper l'imagination des infidèles. D'arbre, il ne saurait en être question à cette altitude ; à la place, je dispose sur une caisse 41 bouts de bougie, le plus grand au milieu, les plus petits sur les bords. Une fois ces lampions allumés, j'ouvre la porte de la tente. Devant la splendeur de cette illumination, les caravaniers demeurent interdits ; le plus magnifique feu d'artifice ne les étonnerait pas davantage. Puis, soudain, ils entament un chant d'une douceur émouvante, qu'ils interrompent de temps à autre par des hurlements et par des glapissements de bêtes fauves, le tout avec accompagnement de flûtes et de batteries sur une casserole. Des chants lamaïstes en l'honneur du Christ ! Après cela, ce sont des danses toujours au son de la casserole.

Les Tibétains campés dans le voisinage nous crurent fous. Notre jeune guide indigène en perdit la parole. Jamais, racontait-il, il n'avait assisté à un aussi merveilleux spectacle. Très certainement, le souvenir de cette fête demeurera longtemps dans la mémoire des indigènes ; à leurs yeux, nous étions des adorateurs du feu, et la caisse couverte de lampions, un autel élevé en l'honneur de nos dieux. Au moment où l'illumination était dans toute sa splendeur, je fis défiler tous mes gens devant moi, en commençant par Robert et par Mohammed Isa, et, à la place des traditionnels cadeaux, remis à chacun d'eux une petite gratification.

La fin de cette brillante soirée je l'employais à transcrire, puis à traduire un des chants entonnés par les Ladakis. Ce fut tout un travail. Il fallut d'abord, sous la dictée des hommes, écrire les paroles en tibétain ; Robert en fit ensuite une version en hindoustani que je traduisis à mon tour en turc, puis en anglais et finalement en suédois. Voici le résultat de cette quadruple traduction.

« Maintenant le soleil monte, rayonnant dans l'est, des pays de l'Orient, par-dessus les montagnes de l'Orient. Lorsque le soleil monte pour répandre des flots de chaleur, le troisième mois est arrivé. L'éclat de ses rayons frappe d'abord le temple, la haute maison des dieux, puis caresse les flèches dorées et le toit du Tachi-lumpo. Les clochetons du couvent vénéré, trois fois luisants, brillent au soleil. Sur les hauts pâturages de la vallée du temple, des milliers de farouches antilopes paissent. Le sol de leur pacage est de dur gravier, mais la vallée est riche et séduisante, et, sur la terre rare le gazon verdit et le ruisseau gazouille. Les hautes montagnes cimées de glace scintillent comme du verre transparent, tandis que les premières cimes s'élèvent semblables à une rangée de *tchorten* [5]. Et à leur pied, les vagues du Youm-tso lèchent sa rive sacrée. Puise de l'eau dans ce lac et remplis-en les soucoupes en cuivre ciselé pour l'offrir ensuite aux saintes images. Orne les statues des dieux de soieries de toutes sortes et de toutes couleurs provenant de Pékin ; orne de voiles les images en or des grandes divinités suspendues dans les temples remplis de bannières. Prends des morceaux de soie précieuse provenant de Lhassa et enveloppes-en les tempes de la statue de Bouddha.

Du « camp de Noël » poursuivant au sud, nous franchissons successivement deux nouveaux cols, le second, le Laen-la, ouvert à travers la crête séparant le bassin du Doumbok-tso de celui du Ngangtsé-tso.

... Les animaux ont un besoin urgent de repos ; continuer cette marche rapide serait m'exposer à la perte prochaine de tout le convoi. En revanche, si je m'arrête, les Tibétains vont

---

[5] Edicule votif (Note du traducteur).

avoir le temps de se réunir et de me barrer la route. Entre deux maux, il faut choisir le moindre. Afin de sauver la caravane, je décide donc de camper pendant une quinzaine sur les bords du Ngangtsé-tso. Si les Tibétains arrivent, j'aviserai.

Autour de nos quartiers, de bons pâturages, du combustible en abondance, enfin plusieurs tentes de nomades où nous pourrons acheter des vivres. L'installation ne laisse rien à désirer.

Je mets à profit cet arrêt pour explorer le Ngangtsé-tso. Pendant dix jours, suivi de quelques hommes, je parcours en tous sens cette vaste nappe sur la glace. La croûte solide est épaisse de 0,25 m. à 0,44 m. Dans certaines régions, elle est ondulée, comme si l'eau avait été subitement solidifiée, au moment d'une tempête. Ces vagues ont leurs pentes les plus accusées vers l'est-nord-est, c'est-à-dire du côté du vent ; les dépressions qui les séparent sont remplies de poussière de sel apportée par les tempêtes.

A travers le Ngangtsé-tso, j'exécute sept lignes de sondages transversales, en creusant des trous dans la glace. La profondeur de ce grand lac est très faible : 10 mètres au maximum, dans la partie orientale. La région occidentale, alluvionnée par d'abondants sédiments éoliens, est encore moins creuse et la branche méridionale n'est qu'une zone d'inondation. Sur une ligne de sondages tracée dans cette dernière partie de la cuvette, la profondeur ne dépasse pas 0,40 m ; de ce côté, le lac est pris jusqu'au fond.

La carte du Ngangtsé-tso levée par Nain Sing est exacte dans ses lignes principales ; seule, la région sud-ouest laisse à désirer. Par contre les montagnes de la rive méridionale sont très mal figurées.

Pl. 14a. Sur le Ngantsé-tso

CHAPITRE VII

CHANGEMENT DE FORTUNE

Arrivée du gouverneur de Naktsang. Entrevues diplomatiques. Toutes les routes nous sont fermées. Brusque volte-face. Le Tibet interdit m'est ouvert. Eclipse de soleil. Arrivée d'un courrier.

Pendant mes pérégrinations sur le Ngangtsé-tso, la température fut très froide. Le 2 janvier 1907, le thermomètre descendit à — 22,2°, avec une tempête diabolique. Une des plus pénibles journées du voyage, sinon la plus pénible, écrivais-je dans mon journal. Mais, en jugeant le présent, on oublie presque toujours le passé.

Pendant que je poursuivais l'exploration du lac, au camp, de graves évènements se passaient, dont un courrier m'apporta la nouvelle au nom du gouverneur du Naktsang, des cavaliers sont venus sommer mes gens de ne pas changer de bivouac et réclament de ma part un acquiescement à leurs prétentions.

Cette fois, ce n'est plus une fausse alerte. Le gouverneur du Naktsang, paraît-il, doit venir en personne me contraindre à la retraite. La situation devient donc extrêmement tendue. Peut-être le Ngangtsé-tso sera-t-il le terme de mon expédition ; devant cette éventualité, je tiens à achever l'exploration de ce lac. Si je suis obligé de rebrousser chemin, je veux rapporter au moins un document géographique important de ce Naktsang, que les Tibétains s'obstinent à me fermer.

De retour au camp, de suite je fais appeler les chefs des cavaliers chargés de me surveiller. Dès qu'ils m'aperçoivent, ils me font de profondes révérences et me tirent congrûment la langue en signe de respect, suivant l'usage du pays. Ils me confirment l'arrivée prochaine du gouverneur. C'est Hladié Tséring, le même personnage qui, en 1901, mit une obstination invincible à me contraindre à la retraite. Avec ce gaillard-là, je vais avoir du fil à retordre.

Pl. 13. Le salut tibétain

Le 11 janvier, arrive une escouade de cavaliers équipés avec un soin relatif ; ils sont armés de fusils, dont les fourchettes sont garnies d'étoffe rouge. Au milieu d'eux, dans un vieillard vêtu plus proprement que les autres, je reconnais mon adversaire d'il y a cinq ans. Le bonhomme paraît transi ; dès son arrivée, il se blottit dans sa tente et y demeure terré.

12 Janvier. — Malgré mon calme habituel, je ne puis me défendre d'une certaine nervosité. C'est qu'aujourd'hui va se décider mon sort.

Dès le matin, un Tibétain vient s'enquérir de mes intentions. Consentirai-je à me rendre auprès du gouverneur ou doit-il me faire visite le premier ? Je fais répondre à Hladié Tséring que je le préviendrai, lorsque je pourrai le recevoir.

Pl. 14b. Hladié tsering et son secrétaire à mon camp des bords du Ngantsé-tso

Sans perdre un instant, ma tente est transformée en salon de réception. Sur le sol, on étend des feutres, et par-dessus des coussins destinés à mes hôtes ; puis on transforme le lit de camp en divan pour me servir de siège. Au milieu de la pièce, attention délicate à l'égard du vieillard, je fais placer un bon brasero. Mohammed Isa, qui assistera à l'entrevue en qualité d'interprète, est éblouissant, coiffé d'un superbe turban pailleté d'or, et paré d'un brillant costume de gala, dont Younghusband lui a fait cadeau à Lhassa.

Les préparatifs terminés, je fais prévenir le gouverneur que je suis à ses ordres. Aussitôt, le bonhomme, revêtu d'un costume chinois de cérémonie et monté sur un beau cheval blanc tenu en mains, quitte son camp ; il est accompagné d'un jeune lama également à cheval et suivi de tous ses gens à pied. Une fois le cortège arrivé près de ma tente, je vais au-devant de Hladié Tséring. Le plus cordialement du monde, nous nous souhaitons la bienvenue ; puis, ce sont des démonstrations et des protestations d'amitié sans fin. On dirait deux intimes se retrouvant après une longue absence. Un moment, je crus, ma parole, que nous allions tomber dans les bras l'un de l'autre. En même temps, ce sont des exclamations d'étonnement sur l'étrangeté de la vie qui amène deux bons amis comme nous à se rencontrer au milieu d'un désert après cinq ans de séparation. La main dans la main, je conduis le gouverneur à la tente et le fais asseoir à la place d'honneur, tandis que son secrétaire, s'accroupit à côté de lui.

Après une causerie enjouée, Hladié Tséring prend tout d'un coup un air grave ; puis, pesant pour ainsi dire chacun de ses mots, il m'annonce qu'en qualité de gouverneur du Naktsang, il ne peut m'autoriser à traverser sa province, soit vers Chigatsé, soit vers toute autre localité située plus au sud.

— Après l'expédition anglaise à Lhassa, ajoute-t-il, le *Devachoung* [6] m'a donné l'ordre d'interdire, comme par le passé, l'accès du Naktsang à tout Européen.

Hladié Tséring est un partenaire redoutable ; pour essayer de gagner la partie, si tant est que cela soit possible, il faut jouer serré.

Je me prévaux d'abord de la convention de Lhassa et des relations cordiales qui existent actuellement entre les Anglais et les Tibétains. Mais, comme on dit, cela ne prend pas.

Cette convention ne vous concerne aucunement, me répond le gouverneur, puisque vous n'êtes pas Anglais.

D'ailleurs, ses instructions sont formelles ; aucun Européen, de quelque nationalité qu'il soit, n'a le droit de voyager dans le Naktsang.

— Mais, cher ami, répliquai-je, comment voulez-vous que je revienne en arrière. A mon départ du Ladak, j'avais une caravane de 130 animaux ; aujourd'hui, je ne possède plus que neuf chevaux ; ce n'est pas, vous en conviendrez, avec ces quelques bêtes étiques et fourbues que je pourrai traverser le grand désert. Donc permettez-moi d'envoyer un courrier au Tachi-lama, à Chigatsé, et, au major O'Connor, le représentant du gouvernement anglo-indien à Gyantsé. Je demanderai au premier confirmation de l'ordre que le Naktsang m'est fermé, et, au second son opinion sur les inconvénients que présente, au point de vue politique, ma présence au Tibet. Si, de l'avis du major O'Connor, mon séjour dans le pays peut être une cause de troubles, immédiatement je partirai ; mais, en attendant la réponse à ces deux messages, je demeurerai dans le pays.

---

[6] Gouvernement de Lhassa (Note du traducteur).

De cette proposition, Hladié Tséring ne veut rien entendre. Il n'a point à se préoccuper de ce que dit ou de ce que pense le Tachi-lama, non plus que le représentant anglais à Gyantsé. Il ne connaît que ses supérieurs, le *Devachoung* de Lhassa ; les ordres du conseil sont catégoriques, et, sous peine de mort, il doit les exécuter.

De mon côté, je demeure ferme dans mon idée d'envoyer un courrier.

Après cette première passe, l'entrevue se termine par de nouvelles protestations de la plus vive amitié. En résumé, rencontre indécise, chaque parti demeurant sur ses positions.

Cette situation ne peut se prolonger. La route du sud m'est fermée, cela est certain, mais peut-être serait-il possible de tourner le Naktsang, par l'ouest, en passant au delà du Dangra-youm-tso, à travers des territoires dépendant du Saka-dzong. Si de ce côté également je suis arrêté, eh bien, je filerai à Pékin et irai demander à l'empereur de Chine l'autorisation de visiter le Tibet.

En attendant, accompagné de Robert et de Mohammed Isa, je rends sa visite à Hladié Tséring. Très pittoresque et très amusant l'intérieur de sa tente. A gauche, près de l'entrée, de gros coussins recouverts de petits tapis sur lesquels je prends place, à côté du maître de céans. A droite, un autel portatif avec des statuettes de Bouddha, et les traditionnelles soucoupes en cuivre remplies d'offrandes. Sur un guéridon très bas, laqué de rouge, un domestique sert un thé épais, chargé de beurre, comme les Tibétains l'aiment. Bien que ce soit une abominable drogue, je fais mine de le trouver excellent et de le déguster avec le plus grand plaisir. De même que le premier, ce second entretien est empreint de la plus grande cordialité. Quoi qu'il en soit, mes affaires n'avancent guère ; loin de là même, Hladié Tséring m'apprend, en effet, que des cavaliers cernent toutes les routes à l'ouest, à l'est comme au sud.

— Seule, la direction du nord vous est ouverte, ajoute-t-il, mais vous ne pouvez la prendre, faute d'animaux.

— Alors, répondis-je, comment sortir d'ici ? Il faudrait que j'aie des ailes comme un oiseau ou que je passe sous terre comme un rat.

— Non, non, attendez, répliqua le gouverneur. Envoyez une lettre à Gyantsé par quelques-uns de vos hommes.

— Mais vous ne voulez pas leur donner des chevaux pour qu'ils puissent accomplir rapidement le trajet ?

Non, laissons tout cela tranquille. La nuit nous portera conseil, et demain nous aviserons.

Tel est le dernier mot de Hladié Tséring.

Dans la soirée, je fais appeler deux de mes meilleurs caravaniers et leur annonce qu'ils partiront demain soir pour Gyantsé porter une lettre au major O'Connor.

13 Janvier. — Dès le lever du soleil, le gouverneur vient me faire visite, toujours suivi de son cortège ; à peine assis, il entame la conversation.

— Hedin *Sahib*, me dit-il, ni vous ni moi n'avons le temps d'attendre des semaines et des mois la réponse à la lettre que vous voulez expédier à Gyantsé. Mon secrétaire et moi, qui sommes tous deux responsables devant le *Devachoung* du bon ordre dans la province, après avoir examiné la situation et mûrement réfléchi, estimons que la seule solution possible est de vous laisser continuer votre route vers Chigatsé. En conséquence, nous vous prions de partir après-demain.

En écoutant Hladié Tséring, je n'en peux croire mes oreilles. Que s'est-il passé pour avoir déterminé une pareille volte-face ?

Le gouverneur a-t-il reçu quelque instruction confidentielle de Lhassa, ou l'assurance formelle que le Tachi-lama m'attend ? Peut-être, après tout, est-ce une ruse de guerre ? Peut-être veut-on me laisser arriver à Chigatsé, pour ensuite me reconduire à la frontière indienne, vers Darjeeling. La fameuse convention conclue entre Younghusband et les Tibétains est, en effet, formelle. Le séjour du Tibet est interdit à tout étranger non muni d'un passeport de Lhassa.

Ainsi, à la suite d'un brusque revirement d'idée dans la caboche d'un Tibétain, le vaste espace complètement inconnu qui s'étend au nord du Brahmapoutre, entre le Ngangtsé-tso et Chigatsé, se trouve ouvert à ma curiosité de géographe. Un coup inespéré de la fortune ! Dans les découvertes que, sans nul doute, me réserve cette région, je trouverai la récompense des fatigues que j'endure depuis tant de mois.

Non seulement Hladié Tséring m'ouvre la route, mais encore il me fournit les moyens de la parcourir. Sur ses ordres, les nomades des environs m'amènent tous les chevaux qu'ils sont disposés à vendre.

14 Janvier. — Encore une journée mémorable dans la chronique de mon expédition. Elle commence par une éclipse de soleil presque totale. Les neuf dixièmes du disque solaire furent couverts. Pendant la durée du phénomène, se manifesta un très remarquable abaissement de température. Alors que quelque temps avant le maximum, le thermomètre marquait — 8,5°, un instant après ce maximum, il descendait à — 11,4° ; en même temps une faible brise se levait. Effrayés par l'éclairage de fin de monde prochain produit par l'éclipse, les Tibétains se retirèrent sous leurs tentes, tandis que mes gens marmottaient des prières. Les animaux, complètement désorientés par cette obscurité, croyaient à l'approche de la nuit. Les corbeaux demeuraient silencieux, comme endormis ; un aigle venait raser le sol, et, nos moutons abandonnaient leurs pacages pour rentrer au camp, ainsi que chaque soir ils avaient coutume de le

faire. Hladié Tséring ne partageait pas l'émoi de ses compatriotes ; il connaissait, lui, la cause de cette obscurité. Elle était produite, assurait-il, par un grand chien qui courait à travers le ciel et qui, pendant quelque temps, cachait le soleil.

— N'ayez aucune crainte, me dit-il ; j'ai lu des prières et fait brûler des bâtonnets devant l'autel ; aussitôt le chien s'est éloigné.

A mon tour, j'essayai d'expliquer le phénomène au gouverneur, en me servant d'une soucoupe pour représenter le soleil et de deux roupies pour figurer la terre et la lune. Après avoir suivi avec attention mes démonstrations, le bonhomme hocha la tête et déclara que mon explication était peut-être juste dans mon pays, mais qu'au Tibet, il n'en était pas ainsi. Je terminai cette petite leçon d'astronomie, lorsqu'au dehors éclate une grande rumeur. Un instant après, un caravanier arrive tout essoufflé et me crie la nouvelle, cause de tout cet émoi. Le courrier de Chigatsé que j'attends avec tant d'impatience et depuis si longtemps est arrivé !

Qu'y a-t-il ? demande le gouverneur.

— Rien de bien important, lui répondis-je, d'un air indifférent. Le courrier que m'envoie le Tachi-lama vient, paraît-il, d'arriver.

Ce fut au tour de Hladié Tséring d'ouvrir de grands yeux ébahis. Aussitôt il donne un ordre rapide ; ses gens sortent et quelques instants après, lui apportent la confirmation de la grande nouvelle.

— Hedin *Sahib*, me dit alors le vieux Tibétain, tout joyeux, et en me tapant amicalement sur l'épaule, ce courrier est beaucoup plus important pour moi que pour vous. Quelles nouvelles il vous apporte, je ne m'en occupe pas, mais il me donne la preuve que Sa Sainteté, le Tachi-lama, vous attend et que la région du Labrang [7] vous est ouverte. J'ai donc eu raison de vous autoriser à continuer votre voyage.

Cette poste avait été adressée par l'agence politique anglaise de Gyantsé au Tachi-lama avec prière de me la faire parvenir sur les bords du Dangra-youm-tso. A la suite de cette démarche, le plus jeune frère du grand pontife avait confié le précieux sac à un de ses gens, muni d'un passeport spécial et escorté de deux hommes, avec ordre de faire toute diligence pour me joindre. Arrivé au Dangra-youm-tso, le messager avait appris ma présence sur les bords du Ngang-tsé-tso, et de suite avait gagné les bords de ce lac.

Ce courrier ne contient que d'excellentes nouvelles. Tous les chers miens sont en bonne santé. La lecture de ces lettres pleines d'une chaude affection m'apporte un doux réconfort, et, pendant quelques heures, me donne la sensation d'être sorti de l'isolement poignant du désert.

16 Janvier. — Hladié Tséring prend congé de moi. Notre dernière entrevue, particulièrement cordiale, se termine par de longs et affectueux serrements de main.

Lorsque derrière les collines, le gouverneur et son escorte ont disparu, je ressens une impression de solitude. Dans les circonstances si diverses où le destin nous a mis en présence, Hladié Tséring a toujours apporté de grands ménagements dans l'exécution des ordres que lui avait donnés le *Devachoung*. En cela, peut-être, obéissait-il à une sympathie pour moi, que d'ailleurs je lui rends.

---

[7] Labrang, le grand couvent de Chigatsé, résidence du Tachi-lama. La région du Labrang signifie le pays reconnaissant l'autorité temporelle du Tachi-lama (Note du traducteur).

Après cette dernière entrevue dans laquelle il m'avait ouvert la porte du Tibet mystérieux, je m'étais pris à le considérer comme un véritable ami.

Chapitre VIII

Une découverte capitale

Le Transhimalaya à 5 500 mètres d'altitude. Magnifique panorama. Par monts et par vaux. Navigation sur le Brahmapoutre. Arrivée à Chigatsé.

Le lendemain, nous nous acheminons vers les montagnes qui s'élèvent au sud du Ngangtsé-tso, et, pendant quinze jours encore, c'est une suite ininterrompue de montées et de descentes à plus de 4 700 mètres.

Le temps est devenu terriblement froid. La nuit, le thermomètre descend à — 34,4°. Du sommet de la première chaîne, la vue embrasse le Darou-tso, de Nain-Sing, que mes guides nomment le Martchar-tso. Très découpé et semé d'îles, ce lac possède des contours tout différents de ceux que lui donne la carte du célèbre « *pundit*[8] ». Dans sa partie centrale, un étranglement le divise pour ainsi dire en deux bassins. Du Ngangtsé-tso, le Martchar-tso n'est séparé que par un isthme large de quelques kilomètres ; la disposition des terrasses sur cette langue de terre montre qu'avant la régression actuelle des eaux, les deux nappes n'en formaient qu'une seule.

---

[8] Pundits, topographes hindous employés par le Service géographique des Indes, qui, en raison de leur nationalité, peuvent circuler dans les pays interdits aux Européens (Note du traducteur).

Ce relief franchi, voici une série d'autres crêtes séparant de grandes plaines doucement inclinées vers le Ngantsé-tso. Pendant plusieurs jours, gravi une suite de cols de plus de 5 000 mètres : le Tchapka-la (5 326 mètres), le Pontchen-la (5 371 mètres), etc.

Plus au sud, le terrain s'élève encore davantage et l'orographie devient très confuse.

28 Janvier. — Après une nuit très froide (— 33,9°), escalade d'une nouvelle chaîne très haute. Derrière, me semble-t-il, nous devons atteindre le bassin du Brahmapoutre. Donc, un dernier effort ; ce sera, souhaitons-le, la fin de ces sempiternelles ascensions qui, depuis tant de mois, nous épuisent.

La journée s'annonce particulièrement rude, avec une brise glacée très forte... En revanche, pas un nuage au ciel. L'étape commence sur une immense plaine, légèrement ondulée, limitée à droite par les gros massifs du Sangra et du Pabla. Des pentes douces nous amènent ensuite dans un profond vallon ouvrant vers le sud-est, puis dans un second orienté vers le nord, par suite tributaire du Ngangtsé-tso. Nous n'avons donc pas encore quitté le bassin de ce grand lac ! Enfin, après de longs et pénibles tours et détours au milieu d'âpres montagnes, voici le Sela-la (5 506 mètres), la ligne de partage des eaux entre les bassins fermés du Tibet central et le Brahmapoutre.

Au sommet du col, le thermomètre marque — 9,5° ; avec cela passent des coups de vent qui nous glacent jusqu'à la moelle. Dans de pareilles conditions, les opérations topographiques ne sont pas précisément agréables. Quoi qu'il en soit, il faut profiter de la limpidité de l'atmosphère pour débrouiller les principales lignes topographiques de cette mystérieuse région.

Du haut du Sela-la, la vue embrasse, vers le sud, un entassement sauvage de montagnes très déchiquetées. De tous côtés, des escarpements à pic et de brusques ravins. Pas la plus petite plaine, rien qu'un hérissement de pics, comme jamais encore je n'ai vu, pas même dans le Tchang-tang. Dans l'ouest, apparaissent des parties de la crête du Pabla.

Le Sela-la s'ouvre sur la chaîne maîtresse, qui, plus à l'est, au sud du Nam-tso ou Tengri-Nor, renferme la cime du Nientchen-tan-la, et sépare les bassins fermés du Tibet central des régions tributaires de l'Océan Indien. Ce relief est une ligne orographique d'une importance capitale. Jusqu'à mon voyage, la portion de cette chaîne comprise entre le Ngangtsé-tso et Iéchoung, sur le Brahmapoutre, est demeurée complètement ignorée. Cette partie du Tibet était moins connue que la surface de la lune. Débrouiller la topographie de cette région vierge devient dès lors le but de mes efforts. Pour ce moment, je ne puis fixer ses contours que dans le cercle d'horizon qu'embrasse le Sela-la.

29 Janvier. — Marche facile à travers la vallée ouverte au pied du col. Dans cette dépression, confluent plusieurs vallons terminés par des crêtes formidables appartenant à la haute chaîne que nous venons de franchir. Sur leurs versants inférieurs s'observe fréquemment un étagement très net de deux terrasses.

Le soir, bivouac dans un élargissement de la vallée, le Selindo ; mon cent-dix-huitième camp de cette campagne au Tibet ! Combien facile est maintenant le voyage comparé aux deux premiers mois. Toujours nous avons des guides et partout trouvons autant d'animaux que nous voulons pour remplacer les bêtes fourbues. Les yaks de la caravane étant fatigués, j'en loue dans un campement vingt-cinq, au prix d'un *tenga* (environ 56 centimes) par jour et par tête.

30 Janvier. — Au lieu de poursuivre la descente par la vallée de Sela-nang, qui rejoint au sud-ouest le Mutsangpo, affluent du Brahmapoutre supérieur, les indigènes nous font rentrer dans la

montagne et remonter une vallée ouverte vers le sud-est, celle de Porang.

Orographie et hydrographie sont ici très compliquées. Pour essayer de débrouiller la configuration du pays, tous les soirs au bivouac j'interroge longuement les indigènes et leur fais dessiner sur le sable de petites cartes pour éclairer leurs explications.

La vallée de Porang renferme un niveau de sources sulfureuses chaudes, appelé Tsaka-tiousen, c'est-à-dire « l'eau salée chaude ». Leur température est de + 53,28°.

Cette marche nous amène dans un très large bassin d'érosion, dans lequel convergent plusieurs vallées. La principale, le Terkoung-noung, ouverte vers le nord-est, et, qui possède toute une série de tributaires, paraît descendre de la crête principale du Pabla.

Dans la journée, croisé une caravane de 45 yaks chargés de thé et de 50 moutons portant de petits sacs de céréales. Ce convoi, qui vient de Lhassa, est destiné à la province de Tchoktchou. A mesure que nous avançons vers le sud, le pays devient moins désert et les traces du passage de l'homme plus fréquentes. Dans notre vallée, existe une sorte de chemin. C'est la grand'route de Chigatsé qu'emprunte en partie celle de Lhassa au Tchoktchou. De tous les vallons latéraux des sentiers viennent joindre la piste principale.

Plus bas, second groupe de sources chaudes (48,9°).

Pendant plusieurs jours encore, une série de montées épuisantes et de descentes vertigineuses. Nous gravissons d'abord le Chib-la, un col de 5 349 mètres, pour dégringoler ensuite dans une profonde vallée tributaire du Mu-tchou ou Mu-tsangpo. Après cela, nouvelle ascension pour atteindre le Tiésang-la à 5 474 mètres.

Et, pendant ces escalades, un froid cuisant, accompagné d'un vent terrible. Dans la nuit du 1ᵉʳ au 2 février, le thermomètre tombe à — 32,5° ; le lendemain — 15,3° est la température la plus chaude de la journée.

Le massif du Pabla, que nous avons franchi au Sela-la, est un nœud orographique très important, et, forme une partie de la chaîne du Nien-tchen-tang-la. A l'ensemble de cet immense relief, qui s'étend du Tengri-nor, à l'ouest, jusqu'au delà des sources de l'Indus à l'est et qui sépare les bassins fermés du Tibet central des tributaires de l'océan indien, je propose de donner le nom de Transhimalaya.

Du massif du Pabla se détache, semble-t-il, vers le sud, un relief séparant le bassin supérieur du Mu-tchou, de celui du Chang-tchou visité en 1872 par le *pundit* Krishna, et, tout récemment, en 1905, par le comte de Lesdain. En effet, depuis le Sela-la tous les torrents que nous avons coupés coulent vers l'ouest ; la chaîne entre le Mu-tchou et le Chang-tchou, où naissent ces cours d'eau, est donc située dans l'est de ma route.

Le Transhimalaya constitue non pas seulement une ligne de partage hydrographique d'une importance considérable, mais encore la limite entre deux régions distinctes au point de vue morphologique.

Au nord de cette chaîne, le Tchang-tang est caractérisé par des reliefs mous et fuyants, par de grands horizons et par d'immenses perspectives planes. Franchissez le Transhimalaya, un brusque changement dans la plastique du terrain se produit ; de tous côtés, rien qu'un hérissement de pics fantastiques et un réseau de profondes pressions.

En résumé, au nord, un pays dont le modelé est demeuré inachevé, au sud une région disséquée. Cette différence d'aspect est la conséquence de l'inégale répartition des précipitations atmosphériques sur les deux versants du Transhimalaya.

Exposées à la mousson, ses pentes méridionales reçoivent des pluies très abondantes ; par suite, les torrents y sont nombreux, copieusement alimentés, et peuvent en conséquence exercer sur le sol des actions énergiques. Sur le versant nord de la chaîne, au contraire, les précipitations sont faibles ; aussi bien les eaux courantes y sont-elles rares et impuissantes à sculpter le terrain. Le même contraste s'observe d'ailleurs entre les deux faces de l'Himalaya. Le Transhimalaya forme donc une limite climatique remarquable.

Après l'ascension du Chesang-la, descente dans la vallée de Cham, tributaire, comme les précédentes du Mu-tchou. Ce torrent se jette dans le Bouptchou-tsangpo qui vient de l'est et qui est le plus gros torrent que nous ayons jusqu'ici rencontré. Au delà du confluent, débouche un nouveau cours d'eau, le Dangbé-tchou, descendant du sud-est. Ces deux rivières naissent dans le puissant contrefort du Pabla, qui encercle à l'est le massif du Mutchou. A deux jours de là, dans l'ouest, près du couvent de Linga-goumpa, le Boup-tchou se jette dans le Mutchou-tsangpo.

Après cette marche en vallée, nouvelle escalade pour arriver au Dangbé-la, 5 250 mètres. Au sommet de ce col, nous quittons enfin le bassin de Mu-tchou qui nous a donné tant de tablature, pour entrer dans la vallée du Rung, tributaire du Brahmapoutre. J'espérais en avoir fini avec les montagnes et suivre désormais tranquillement cette dépression. Ah bien oui ! Cette vallée est si étroite et si encombrée de nappes de glace, produites par la congélation des sources, qu'en cette saison, elle est inaccessible. Pour tourner cette impasse, nous voici donc obligés de gravir deux nouvelles chaînes ; c'est d'abord celle singulièrement difficile du Ta-la (5 436 mètres). Le long de ses pentes couvertes de monceaux de blocs et de nappes de graviers, à chaque pas, vous risquez d'être emporté par une dangereuse avalanche de pierres ou par un glissement de terrain. Sur ce sol instable, bêtes et gens ne se maintiennent en équilibre qu'au prix de véritables prodiges d'acrobatie.

Devant l'immensité et la grandeur du panorama qui se déroule au sommet, je demeure fasciné. Aux premiers plans, des montagnes arrondies, toutes rouges ; par derrière, un relief noir aux lignes dentelées, puis une troisième crête d'une merveilleuse tonalité bleu foncé. Tous ces massifs paraissent des contreforts occidentaux de la chaîne détachée du Sela-la, que nous avons laissée à l'est.

Au delà de ce moutonnement de cimes, dans un horizon embué, la vue est arrêtée par un énorme relief, très élevé, qui n'en finit pas. Sous l'azur immaculé d'un ciel rayonnant, ces montagnes lointaines forment un mur gigantesque d'un bleu vaporeux, éclairé de reflets blancs ; elles sont si hautes, si sveltes, qu'elles semblent détachées de la terre et flotter en l'air, comme un mirage. Cette merveilleuse vision, c'est le grand Himalaya, les crêtes septentrionales de cette chaîne colossale séparant le Tibet du Boutan.

Et, entre les monts des premiers plans et l'Himalaya lointain, un énorme vide, pareil à une immense crevasse bâillant à la surface de la terre, la vallée du Brahmapoutre !

Des heures, je reste absorbé dans la contemplation muette de cette féerie de la nature.

... Le sommet du Ta-la, comme d'ailleurs celui de toutes les autres passes, est marqué par un monceau de pierres, hérissé de bâtons garnis de guenilles, ex-voto offerts par la piété des fidèles aux dieux qui les ont protégés dans la traversée des monts. En passant devant les tas de cailloux, deux de mes gens se prosternent et récitent des prières, tandis que l'un d'eux arrache de sa robe élimée un lambeau d'étoffe, qu'il suspend dévotement à une perche.

Pl. 16a. Le col de La-rok (4.400 m.) dans le Transhimalaya

Une journée de marche dans la vallée ; ensuite nous remontons à 4 440 mètres pour franchir le col de La-rock.

Au delà, le regard embrasse quelques ondulations de terrain, puis brusquement, se découvre, comme une terre promise, la riante vallée du Brahmapoutre, un nouveau panorama d'une merveilleuse beauté. A nos pieds, bleuit la grande plaine de Ié ou de Iéchoung, striée par le ruban étincelant du fleuve, avec, de tous côtés, des taches noires de villages, et à droite, l'étagement blanc d'un grand couvent. Comme fond de tableau, l'horizon sublime de l'Himalaya.

Rapidement, nous dévalons sur de beaux massifs de granite gris, tantôt polis et arrondis, tantôt hérissés de blocs perchés ; autant de signes d'une active érosion éolienne.

... Enfin, voici la vallée du Brahmapoutre. Des champs de céréales, des allées de peupliers, des maisons, des villages, toutes choses étranges à nos yeux habitués aux perspectives stériles et aux silences désertiques. Ce soir, pour la première fois depuis six mois, nous campons à une altitude raisonnable. Le baromètre accuse seulement ici 3 949 mètres. A neuf heures, le thermomètre marque 3° sous zéro, une température chaude après les 34° de froid des dernières semaines.

Trois étapes seulement nous séparent de Chigatsé. Dans l'ignorance où je suis des intentions du gouvernement tibétain, la prudence me commande de brusquer le dénouement. Très rapidement il faut marcher vers le but afin de ne pas le manquer.

Pl. 15. Une beauté tibétaine

Le lendemain matin, toute la population du voisinage est sur pied pour assister à notre départ. Au moment ou la petite colonne partait, arrivent à toute vitesse trois hommes. Ils viennent m'offrir les souhaits de bienvenue d'un personnage qui habite aux environs, et, de sa part, m'apportent un mouton, un gâteau avec des figures en relief, trois grosses mottes de beurre et 30 œufs. Je prie ces gens de remercier leur maître de son aimable attention et leur remets 15 roupies, pour lui. Ils me réclament alors quelque chose pour eux. Jusqu'au cœur du Tibet, le pourboire est une institution.

... Combien pittoresque et amusant est le spectacle de la vallée. Voici un village peuplé de forgerons ; plus loin, une source chaude avec un primitif établissement balnéaire ; puis le grand couvent de Tarting, et toujours des champs, des jardins, des bois. En même temps sur la route un va-et-vient d'hommes, de femmes, d'enfants, de chevaux, d'ânes, de caravanes de pèlerins se rendant pour les fêtes du nouvel an tibétain à Chigatsé, tous vêtus de costumes bariolés. Un arc-en-ciel humain passe devant mes yeux.

Pl. 16b. Chefs tibétains

Dans la journée, nous atteignons le Brahmapoutre. Avec une joie indicible, je bois au fleuve sacré. Ses eaux claires, transparentes, d'un admirable bleu verdâtre, coulent rapides et sans bruit. Juste à ce moment, passe une barge chargée de céréales et destinée au marché de Chigatsé, que des bateliers manœuvrent avec de longues gaffes. La vue de cette barque primitive, descendant au fil de l'eau me rappelle ma longue et agréable navigation sur le Tarym il y a sept ans.

Au cours de cette étape, rencontré plusieurs terrains intéressants. Ce sont d'abord des dépôts de sédiments argileux découpés par le ruissellement en pittoresques piliers et en pyramides, hauts de plusieurs mètres. Plus loin, le sol devient sablonneux et se couvre de petites dunes. Pendant la période des hautes eaux [9], le Brahmapoutre dépose dans sa zone d'inondation, d'énormes quantités de sable et d'argile qui découvrent pendant la saison de l'étiage et deviennent alors mobiles. Arrive une tempête d'ouest et Dieu seul sait si elles sont fréquentes, le vent enlève ces particules minérales et va les déposer plus loin, où elles forment ensuite des dunes. Au printemps suivant, la crue du fleuve atteint ces monticules, les décape, entraîne leurs matériaux vers l'aval, et finalement les dépose dans un nouveau site. Là, après la baisse des eaux, le vent reprend ces sables et leur fait accomplir une nouvelle étape. La vallée du Brahmapoutre est ainsi le siège d'un incessant transport de matériaux d'ouest en est et subit un approfondissement progressif par les actions combinées des eaux et des tempêtes.

Pl. 17a. Un couvent sur les bords du Brahmapoutre

Le lendemain, nous continuons la descente de la vallée le long de la rive nord du fleuve. Toujours des villages et des champs, partout une impression de vie active, qui m'est un sujet constant d'étonnement.

Le soir, campé à Hlindoug-ling, près du village de Tanak, sur une terrasse de cailloux roulés dominant la rivière.

---

[9] D'après les renseignements donnés par le Dr Sven Hedin dans la relation complète de son voyage, le Brahmapoutre a le régime des torrents glaciaires, c'est-à-dire que l'étiage se produit en hiver et les hautes eaux au printemps et en été par suite de la fusion des neiges et des glaciers qui constituent ses principales sources d'alimentation (Note du traducteur).

Pl. 17b. Soldats tibétains

Dans les diverses parties de son cours, le Brahmapoutre porte différents noms. J'ai signalé déjà celui de Jéré-tsangpo ; ici les indigènes l'appellent tantôt Sangtchen, tantôt Tsangpo-tchimbo (le grand fleuve). Plus à l'est, dans la partie inférieure de sa coupure à travers l'Himalaya, il est dénommé le Dihong. Seulement à son entrée dans les plaines de l'Assam, le nom de Brahmapoutre est employé par les naturels. Dans la vallée supérieure, nous trouverons toute une série d'autres vocables. Celui de Tsangpo, usité pour désigner cette grande artère hydrographique, est un substantif commun signifiant fleuve. C'est, en effet, le fleuve par excellence du Tibet, le cours d'eau le plus puissant et le plus majestueux de cet étrange pays.

9 Février. — La dernière étape avant Chigatsé ! Un ciel clair et tiède, un temps idéal pour entrer dans cette ville dont je rêve depuis plus d'un an. Redoutant toujours quelque incident au dernier moment, je prends mes précautions en conséquence. Avec le gros du convoi, Mohammed Isa file par terre, pendant

qu'avec Robert et quelques hommes, je descends le fleuve. Si les Tibétains veulent m'arrêter, ils m'attendront évidemment sur la route ; dans ce cas, ils ne trouveront que ma caravane ; à la faveur de cette ruse, je pourrai m'introduire dans Chigatsé.

Très primitives, les embarcations du pays. Une carcasse de planchettes et de baguettes enveloppée de quatre peaux de yaks cousues, bref un grand tambour flottant, ayant la forme d'un rectangle allongé, un peu moins large à l'avant qu'à l'arrière. L'embarcation n'est montée que par un rameur qui nage face à l'aval. Son principal rôle est d'ailleurs de barrer, le courant étant pour ainsi dire l'unique agent de propulsion. Ces bachots ont une capacité relativement grande ; nous sommes quatre dans le nôtre et il pourrait porter davantage.

En même temps que nous, descend vers Chigatsé une douzaine de bateaux chargés de pèlerins. Afin de se prémunir contre les accidents sur l'onde perfide, les pieux voyageurs ont garni leurs barques de perches garnies de chiffons. Une scène très pittoresque que ces groupes bigarrés dans le clair soleil du matin. Il y a là des lamas en cape rouge, des femmes en grand costume, toutes clinquantes de plastrons de pièces de monnaie, de colliers de perles de couleur, de corail et de turquoises. Jamais l'expression parée comme une châsse n'a été plus exacte. Tout le monde jase gaiement, et à mon endroit, ne témoigne d'aucune curiosité. D'ailleurs depuis plusieurs jours, nous voyageons de conserve.

Dans cette région, la navigation est très active. Le fleuve sert au transport des pèlerins et des marchandises vers Chigatsé et ses couvents. Dans plusieurs villages riverains, une partie des habitants vit de la batellerie.

Les embarcations sont trop peu maniables et ont des formes trop massives pour pouvoir remonter le courant. Aussi, arrivés à destination, les rameurs chargent leurs barques sur le dos et remontent à pied la vallée. Si légers sont ces bachots qu'un seul homme peut les porter. Et ce n'est pas une des scènes les moins amusantes du voyage que d'apercevoir des files d'hommes cheminant sur les berges, la tête et le dos couverts par leurs canots noirs. On dirait d'énormes coléoptères.

Cette navigation est délicieuse. Après avoir, pendant six mois, peiné dans le désert le plus farouche de la terre, au milieu de monts rébarbatifs, où le moindre pas est un effort, quel charme de se sentir glisser sans heurt, sans fatigue, au milieu d'une nature souriante. Dans cette sensation d'infini repos, j'éprouve un bien-être exquis.

La descente exige, de la part des bateliers, une profonde connaissance du fleuve et une très grande habileté. Les bancs sont fréquents et de tous côtés s'ouvrent de nombreux bras et fausses rivières, au milieu desquels il est facile de s'égarer. En outre, il y a plusieurs petits rapides assez difficiles, d'autant qu'aujourd'hui la rivière charrie des glaces.

Aux approches de Chigatsé, le paysage devient très pittoresque, avec de grandioses défilés, séparant un vaste épanchement d'eau pareil à un lac.

Le fleuve décrit un coude autour d'un monticule et brusquement à la pointe de ce méandre se découvre sur la berge un grand mouvement d'hommes, de chevaux, de yaks et de bateaux. C'est le port de Chigatsé. La ville se trouve à une petite distance au sud, dans la vallée du Nyang-tchou, un des principaux affluents méridionaux du Brahmapoutre.

Au port, un caravanier m'attend avec les chevaux. Aussitôt, je saute en selle et pique des deux. Le cœur me bat. Est-ce vraiment possible ? Suis-je bien à la porte de la ville interdite ? Ne suis-je pas plutôt le jouet d'une illusion ? Pour me convaincre de la véracité du témoignage des yeux, je dois faire appel à la raison.

Au débarcadère, personne ne fait attention à moi ; sur la route non plus rien de suspect.

... La nuit vient. Un grand tchorten blanchit comme un fantôme au bord du chemin ; un peu plus loin à droite, sur la lueur du couchant, se détache la silhouette d'une colline, surmontée d'une bâtisse colossale, le *dzong*[10] de Chigatsé. Encore un temps de trot, nous entrons dans la ville. Une ruelle bordée de maisons blanches nous amène sur une placette. Quelques Chinois nous regardent passer, des chiens aboient derrière les chevaux. C'est tout ; ni fonctionnaires pour nous arrêter, ni foule soulevée pour lapider l'étranger qui a osé violer le mystère du pays interdit. La ville est endormie.

Un homme se dirige vers nous. C'est un des caravaniers envoyés par Mohammed Isa pour nous guider. Quelques instants après, j'entrais dans une spacieuse maison, mise à ma disposition par Koung Gouchouk, le frère cadet du Tachi-lama. La caravane arrivée depuis plusieurs heures y est déjà installée.

Ainsi mon rêve est réalisé. Après avoir traversé le Tibet, je suis à Chigatsé !

Un peu plus tard, un fonctionnaire tibétain demande à me voir. Il n'est chargé d'aucune mission auprès de moi, assure-t-il. Avant appris l'arrivée d'un étranger, il est venu simplement s'enquérir de son nom, de sa nationalité et du nombre de ses compagnons. Après un court entretien, mon interlocuteur, très poli et très discret, se retire.

Qu'est-ce que cette démarche présage ? Je le saurai demain.

---

[10] Château fort, siège des administrations (Note du traducteur).

Chapitre IX

Chigatsé

Aspect général de la ville. Le Tachi-lama. La fête du nouvel an tibétain. Panem et circenses. Mascarades et symbolisme religieux.

Mon arrivée à Chigatsé n'éveilla ni émoi, ni curiosité, et tout d'abord personne ne parut s'occuper de moi. Contrairement à mon attente, le lendemain matin, aucun fonctionnaire ne vient me menacer d'expulsion. La présence d'un Européen dans la ville sainte semble ignorée. Très tard seulement dans la journée, le commandant de la garnison chinoise se présente à mon quartier général. Il n'élève ni protestation, ni récrimination à mon endroit, et se borne à manifester son étonnement que je n'aie pas été arrêté en route par les Tibétains. Devant cette indifférence, Mohammed Isa se rend au Tachi-lumpo, le grand couvent où réside le Tachi-lama, pour prévenir de mon arrivée. Seulement après cette démarche, la visite de personnages officiels m'est annoncée.

Le 11 février, dès six heures du matin, un lama, nommé Lobsang-Tsering, secrétaire du grand pontife, et un jeune Chinois demandent à me parler. Tous deux ont des manières distinguées et font preuve de la plus parfaite courtoisie. Eux aussi sont profondément étonnés que j'aie pu arriver sans encombre jusqu'à Chigatsé. Devant leur amabilité, je leur fais part de mon désir d'assister aux fêtes du Nouvel An tibétain qui seront célébrées demain au Tachi-lumpo, et d'obtenir ensuite une audience du Tachi-lama. En gens avisés, mes interlocuteurs évitent une réponse catégorique. Je leur présente alors mon passeport chinois, quoiqu'il ne soit valable que pour le Turkestan oriental. Sa lecture fait grande impression sur mes hôtes. Le jeune Céleste déclare immédiatement que, porteur d'une pièce de cette importance, je dois être considéré comme placé sous la haute protection impériale. Après quoi ce fonctionnaire emporte le document pour revenir bientôt après m'annoncer que je serai admis à la fête de demain. Un chambellan du Tachi-lama viendra me chercher pour me conduire au couvent où doit avoir lieu la solennité ; des places spéciales me seront réservées ainsi qu'à mes gens.

Avant de raconter mon long séjour dans le milieu moyenâgeux de cette capitale religieuse, en quelques mots rapides, j'esquisserai d'abord son aspect général. Au milieu d'une large plaine jaune, un groupe de trois cents maisonnettes blanches, avec toit à l'italienne, à un seul étage pour la plupart, voilà Chigatsé. De loin, très pittoresque cette bourgade avec ses façades claires, rehaussées au sommet d'un badigeon rouge ou noir, et sa forêt de bannières et de drapeaux multicolores destinés à préserver les habitants des maléfices des démons.

Pl. 19c. Vue générale de Chigatsé

De près, l'impression change ; rien que des ruelles étroites, sordides de bourbiers, de cadavres de chiens et de détritus, avec çà et là quelques placettes non moins sales. Dans un contraste frappant avec cet amas de bicoques, sur un mamelon isolé se dresse un entassement de constructions grandioses. Une vision de puissant château protégeant un village de manants. C'est le *dzong*, la citadelle, le siège du pouvoir temporel. Au pied de cette colline, chaque jour pendant deux heures, se tient le marché. Ici point de bazar. Les marchandises sont étendues à terre ou entassées dans des paniers, en longues lignes parallèles, chaque spécialité cantonnée dans une partie distincte. D'un côté sont les poteries, de l'autre le bois, un peu plus plus loin la ferraille ; l'ornementation : les perles de verre, le corail ; la mercerie ; les objets de piété ; enfin l'alimentation. Dans un bariolage amusant, tous les produits de cette partie de l'Asie se trouvent rassemblés ici : les porcelaines et le thé de Chine, les mandarines du Sikkim, les fruits secs et les turquoises du Ladak, les queues et les peaux de yak du Tchang-tang, les marmites et les cuivres du Tibet. Presque tous les étalages sont confiés à des femmes. Pas précisément attirantes, ces marchandes. Leurs robes décolorées, élimées, recouvertes d'un enduit de poussière, de boue et de crasse, doivent être en usage depuis plusieurs générations. Quoi qu'il en soit, avec leurs coiffures échafaudées en arcs de cercle, garnies de verroteries et de clinquants, elles composent des groupes pittoresques au milieu d'une cohue bigarrée de Ladakis, de Cachemiriens, de Népalais, de Chinois, de Tibétains, etc.

Si maintenant on tourne les yeux vers l'est, le spectacle est complètement différent. Ici le brouhaha de la vie commerciale, là le calme de la vie monastique. Enveloppé de silence, l'immense couvent de Tachi-lumpo blanchit au flanc de collines ensoleillées. Représentez-vous, dans le cadre d'un mur de forteresse, un étagement d'édifices, les uns isolés, les autres groupés, tous pittoresques et étranges. Dans cet entassement de constructions extraordinaires, au premier regard on distingue deux motifs principaux. Tout en haut, dominant cette ville de temples et de monastères, le Labrang, la résidence du Tachi-lama, un palais de style italien, d'une admirable pureté de lignes, et, au pied de cette imposante façade, cinq énormes tours coiffées de toits chinois, les chapelles funéraires des derniers pontifes.

Pl. 18. Le « Dzong » de Chigatsé

Pl. 21a. Dans le Tachi-lumpo, façade d'un mausolée d'un Tachi-lama

... Maintenant, qu'est-ce ce Tachi-lama dont il a été déjà si souvent question dans ce récit et quelle est sa situation à l'égard du Dalaï-lama, dont le nom est familier au grand public depuis l'expédition militaire anglaise à Lhassa ?

D'après Köppen, ces deux personnages sont les papes du lamaïsme, chacun d'eux avec des attributions différentes. Le Tachi-lama, incarnation d'Amitabha est le gardien du dogme et le juge suprême de toutes les questions religieuses, tandis que le Dalaï-lama, incarnation d'Avalokitesvara, gouverne les peuples. Cette dualité dans les attributions des deux pontifes est marquée par leurs titres. Le premier est le *Pantchen Rinpotché*, c'est-à-dire le « grand et précieux docteur », le second, le *Djialpo Rinpotché*, ou le « précieux roi ». Par suite, le Dalaï-lama est devenu le souverain temporel de la plus grande partie du Tibet, alors que le Tachi-lama n'a d'autorité que sur un territoire restreint. En revanche, dans le domaine spirituel, le grand lama de Chigatsé est un personnage beaucoup plus important que celui de Lhassa. Auprès des fidèles, il jouit de la plus haute réputation de sainteté et d'infaillibilité. Depuis la fuite du Dalaï-lama, lors des événements de 1904, son autorité a même singulièrement augmenté.

Le pontife actuel est un jeune homme de vingt-cinq ans. Depuis l'âge de six ans, il est revêtu de cette haute dignité.

D'après les renseignements que j'ai recueillis, voici comment on procède au choix de ce pape lamaïste.

Pl. 20. Le Tachi-lama

Après la mort du Tachi-lama, l'âme d'Amitabha qu'incarne ce saint personnage passe dans le corps d'un enfant. Il s'agit alors de découvrir le bienheureux porteur de l'esprit saint. Pour cela, dans tout le Tibet et dans tous les pays lamaïstes, des messagers sont expédiés pour demander aux habitants de désigner les enfants chez lesquels une intelligence précoce paraît annoncer un don divin.

Après cela, on s'en remet aux dieux pour découvrir, parmi ces petits prodiges, celui qu'anime l'esprit d'Amitabha. Les lamas inscrivent les noms de tous les enfants sur des morceaux de papier qu'ils placent dans un coffret dûment fermé et scellé, au pied d'une image vénérée. Devant cette boîte, les prélats récitent des prières, déposent des offrandes et brûlent de l'encens. Après quoi on procède à l'ouverture du coffre ; le premier nom gui sort est proclamé Pantchen Rinpotché ou Tachi-lama. L'élu est ensuite confirmé et consacré par le Dalaï-lama, ou par un conclave, si ce grand pontife est absent ou est lui-même trop jeune pour procéder à l'investiture.

Pl. 21b. Dans le Tachi-lumpo, le mausolée du premier Tachi-lama. Au pied, la cour d'honneur où eut lieu la représentation du Losar.

La fête du Nouvel An ou *Losar* est la plus importante des quatre grandes solennités annuelles lamaïstes. Elle est destinée à commémorer le triomphe de l'orthodoxie sur l'hérésie, la victoire de Sakiamouni Bouddha sur les six imposteurs. De plus, c'est la fête du printemps. Aux cérémonies religieuses du *Losar*, tout le monde est admis sans distinction de rang ni de sexe, les bergers comme les lamas, les enfants comme les adultes, les pauvres comme les riches, les femmes comme les hommes. En même temps dans toutes les familles, ce ne sont pendant quinze jours que visites et cadeaux, liesses et festins, comme dans notre pays à l'époque du nouvel an. Bref, le *Losar* ne saurait être mieux comparé qu'aux Saturnales de l'Ancienne Rome.

Le 12 février, à dix heures et demie du matin, un jeune chambellan du Tachi-lama, nommé Tsaktserkan, vient me chercher pour me conduire à la fête. Sur l'ordre du grand pontife, pendant tout mon séjour à Chigatsé, il sera désormais attaché à ma personne, ainsi que Lobsang-Tsering, le lama dont j'ai reçu hier la visite. La place qui m'est réservée au *Losar* se trouvant près de la loge du Tachi-lama, j'ai endossé mon habit. Dans ce singulier accoutrement pour un cavalier, je me dirige vers le théâtre de la cérémonie, escorté de Tsaktserkan, de mon chef de caravane et de quatre de mes gens. Une foule énorme s'achemine comme nous du côté du Tachi-lumpo, des nomades, des citadins, des pèlerins, des femmes, des chiens, des Chinois. A travers d'étroites ruelles engorgées par ce flot humain, Tsaktserkan nous fraie un lent passage. Un dernier boyau entre de hauts murs blancs, avec, au bout, la façade rouge d'un temple et la blancheur du Labrang, et nous sommes devant l'entrée du couvent. A l'intérieur, c'est un dédale d'escaliers et de corridors sombres, aux marches et aux murs polis par le passage de foules pieuses pendant des siècles et des siècles. Brusquement, une grande clarté traverse cette obscurité ; inopinément j'arrive à la loge qui m'est réservée, une véranda précédée d'un balcon dominant la scène et la salle. La scène est une grande cour carrée, et la salle un étagement de galeries ; bref un vaste théâtre en plein air. Plus de 6 000 spectateurs sont entassés dans les galeries, sur les toits, sur les murs, sur les corniches. Un éblouissant chatoiement de couleurs ; une exposition de costumes de l'Asie centrale.

En face de ma loge est assis le consul du Népal, entouré de compatriotes et d'indigènes des pays himalayens. A sa gauche ont pris place les fonctionnaires civils de Chigatsé en costumes jaunes et rouges, avec des chapeaux plats comme des champignons et larges comme des ombrelles. La galerie inférieure est occupée par les nobles épouses de ces grands dignitaires, toute la haute société féminine de Chigatsé, un arc-en-ciel de soieries et un étincellement de bijoux. Ces dames ne sont pas précisément jolies, mais combien satisfaites, elles paraissent. En dessous de ma loge, la plèbe présente dans un autre genre un spectacle non moins amusant. En attendant le commencement du spectacle, le peuple jacasse, mange, boit du thé au milieu des jeux bruyants des enfants. Dans cette foule, ni disputes, ni cohue ; les nouveaux arrivants ne bousculent pas les premiers arrivés, et ne cherchent pas à les déposséder de leur place. Partout, un ordre parfait.

Au-dessus d'une galerie à laquelle accède de la cour un escalier monumental se trouve l'estrade du Tachi-lama. Elle est fermée par un velum de soie jaune, frangé d'or et de brocarts, dans lequel est ménagée une ouverture. Sans être exposé aux regards de la foule, le pontife peut ainsi tout voir.

Tout à coup, du haut des toits, tombe un long mugissement. Des lamas soufflent dans d'énormes conques : c'est l'annonce du commencement de la fête, et aussitôt la foule pousse de longues acclamations. Puis, d'une galerie cachée sous d'immenses voiles noirs monte un chœur, grave et lent, d'une sublime beauté religieuse et d'une puissance pénétrante. Jamais je n'ai entendu chant plus émouvant.

... Une fanfare de trompettes éclate, pour prévenir que le pontife a quitté ses appartements et s'achemine vers sa loge.

... Une file de hauts lamas pénètre dans cette galerie. Aussitôt un remous agite la foule. Une partie des spectateurs se lève, les yeux braqués sur la porte par laquelle s'écoule la procession des dignitaires. C'est par là que va arriver le saint des saints... Il paraît ; dans un brouhaha de curiosité suivi d'un profond silence, tous les assistants s'inclinent, les mains sur les genoux, pénétrés de respect pour le dieu humain. Il avance lentement, puis s'accroupit sur son siège. Ensuite on ne voit plus que sa tête à travers le judas de la draperie.

Le Tachi-lama est vêtu d'une longue robe jaune et coiffé d'une sorte de mitre en forme de casque romain. A sa droite, prennent place son jeune frère, le « duc », Koung Gouschouck, et trois autres puissants seigneurs, également en robes jaunes, à sa gauche, le ministre d'État, un petit bonhomme de cardinal tout rond, avec un crâne en bille de billard, l'ancien précepteur du pontife, enfin sa mère, une bonne vieille sourde et muette, vêtue de rouge, de jaune et de brocart. Avec sa tête rasée, elle ressemble à un homme. Derrière ces grands se presse un groupe de lamas de haut rang, tous en robe jaune, le costume des grandes solennités. Un coup d'œil imposant et étrange ; on a l'impression d'assister à un conclave... Le Tachi-lama enlève sa mitre et la donne à un frère lai. Aussitôt après, la fête commence.

Pl. 19a. Un jeune frère du Tachi-lama. Pl. 19b La belle-sœur du Tachi-lama.

Le premier numéro est une danse lente exécutée par deux hommes masqués et vêtus d'un costume d'arlequin. Ensuite a lieu la présentation des onze bannières les plus fameuses du Tachi-lumpo figurant les principales divinités du panthéon bouddhique. Les unes sont blanches avec des franges bleues, les autres rouges, bordées de jaune, d'autres jaunes, encadrées de rouge. Successivement les porte-bannières avancent face au Tachi-lama, l'oriflamme enroulé autour de la hampe, le déploient, saluent le pontife en inclinant l'emblème, puis se retirent.

... Une nouvelle fanfare. Dans la cour se montrent plusieurs lamas masqués et vêtus de blanc, et quelques instants après une étrange procession paraît. D'abord des moines portant des objets du culte et balançant des encensoirs, répandant un parfum subtil ; ensuite, des lamas déguisés en guerriers et en hérauts d'armes avec de pesantes cuirasses ; enfin, trois prêtres masqués, revêtus de lourdes chapes de soie rouge, bleue et jaune, garnies de broderies d'or. A la suite de ce premier groupe avance l'orchestre, six trompettes longues de 3 mètres, dont des enfants portent les pavillons sur l'épaule, des joueurs de flûte et quarante tambours soutenus en l'air par des hommes habillés de brocarts et qui les font résonner au moyen d'une baguette recourbée. Le cortège est fermé par des lamas en rouge, jouant à tour de bras de la cymbale, et par un moine qui agite une sonnette.

Au pied de l'escalier conduisant à la loge du Tachi-lama, l'orchestre s'installe ; en même temps, trois grands lamas, en mitre et en robe jaune, se placent au sommet de la galerie supérieure et de temps à autre secouent des clochettes en cuivre. De derrière le rideau noir en dessous de la loge du pontife, un masque, nommé Argham, s'élance alors, en dansant et en tenant à bout de bras une soucoupe remplie de sang de chèvre. D'un mouvement brusque, il la renverse sur les marches, puis continue ses ébats, les deux bras tendus, toujours en agitant sa soucoupe, pendant que des lamas nettoient l'escalier. Très certainement, cette cérémonie est une survivance de l'antique religion indigène. Le lamaïsme est pénétré d'éléments sivaïstes et de pratiques remontant aux temps pré-bouddhiques. En effet, malgré la loi fondamentale du bouddhisme défendant de tuer un être animé, les lamas mangent de la viande de chèvre et emploient le sang de cet animal dans diverses cérémonies. Mais, pour sauver le principe, ils n'abattent pas eux-mêmes les victimes.

A Argham succède Bagtcham, un second danseur, couvert d'un énorme masque d'aspect fantastique, accompagné de onze acolytes également masqués. Leurs exercices consistent à faire voltiger des morceaux d'étoffes de toutes couleurs. Après cela, ce sont encore des danseurs portant une large fraise carrée et autour de la ceinture une sorte de « tutu », comme celui de nos ballerines. Ensuite, armé d'un trident, Tchendchel Youm, l'incarnation de l'âme d'une femme, exécute un pas sur la marche supérieure de l'escalier ; puis des lamas couverts d'énormes masques représentant des têtes terribles d'animaux fabuleux dansent une sarabande.

Pl. 23a. Chigatsé. Chinois portant des lanternes en papier.

Pl. 23b. Femmes et enfants tibétains portant des lanternes en papier.

Pl. 24a. Danseurs népalais.

Pl. 24b. Chinois avec des lanternes et des dragons en papier dans mon jardin.

Chaque numéro est annoncé par l'orchestre et par les sonnettes des trois prêtres perchés sur la galerie supérieure. Au début, tambours, trompettes et cymbales jouent piano, mais peu à peu, le mouvement se précipite, les musiciens tapent à tour de bras et soufflent à perdre haleine : c'est alors une effroyable cacophonie, et, enivrés par ce bruit assourdissant, les danseurs se démènent comme des possédés. Cette frénésie gagne les spectateurs. Des pèlerins se lèvent, et, se tournant vers le Tachi-lama, se prosternent trois fois de suite. Entre tous, un vieillard du Tchangtang, vêtu de peaux, est infatigable ; sans répit, on le voit se jeter à terre. Absorbé dans cette mimique, il ne voit pas une peau d'orange, glisse et fait une culbute à la grande joie de ses voisins.

Le tiers seulement de la cour est occupé par la mascarade : le reste du terrain est rempli par le même peuple de Chigatsé et des environs. Là, grande est la presse. De temps à autre, cette foule envahit l'espace réservé au spectacle. Aussitôt des agents de police accourent et à coups de fouets et de verges refoulent la cohue. C'est alors toute une perspective de dos courbés, et le désordre augmente encore. Aux pèlerins, au contraire, sont réservés les bonnes places dans les galeries et les bons traitements. Sans cesse, des lamas de rang inférieur, portant sur l'épaule droite de grandes cruches remplies de thé, viennent les abreuver. *Panem et circenses* ! Les moines savent soigner leurs ouailles.

Un grand remous se produit parmi la foule massée dans la cour, sous la poussée des agents de police. Une fois la place dégagée, un brasier est allumé. Au-dessus du feu, deux lamas soutiennent un large morceau de papier portant inscrits tous les maléfices des démons contre lesquels les hommes désirent être protégés pendant la nouvelle année. Il représente également l'année qui vient de se terminer avec son calice de souffrances et d'adversités. Un moine se place devant le bûcher, tenant d'une main un bâton, de l'autre une écuelle. Après avoir prononcé quelques paroles symboliques, dans une attitude extatique, il étend le bras et verse le contenu de sa soucoupe composé d'une matière inflammable ; aussitôt une gerbe de flamme monte, atteint le papier et le consume. Du coup toute la puissance des démons se trouve détruite ! Devant cette délivrance, la joie de l'assistance éclate en acclamations retentissantes. Maintenant plus de calamités à redouter ! Chacun est assuré de la félicité ! Pour terminer la cérémonie, une troupe de lamas entame une danse d'ensemble. C'est la fin. Le Tachi-lama se lève, et, d'un pas lent, se retire, suivi de son cortège. Lorsqu'il a disparu, la foule des pèlerins s'écoule à son tour, sans cri, ni désordre.

Un tel spectacle doit laisser une impression profonde sur les pèlerins. Après avoir été témoins de ces mascarades d'un symbolisme effrayant et de ces luttes contre les démons toujours terminées par leur défaite, ces simples regagnent leur désert, pénétrés de la toute-puissance de la religion et de la nécessité de son secours pour échapper aux maux qui menacent l'humanité souffrante.

... De retour dans ma maison, j'y trouve une caravane d'ânes chargés d'approvisionnement dont le Tachi-lama me fait cadeau. Ne voulant pas ordonner la mise à mort d'un animal quelconque et en même temps désireux de ne me laisser manquer de rien, le grand pontife me fait remettre en outre 46 *tenga* en argent, la valeur de 28 francs, pour que j'achète la viande qui m'est nécessaire. Après s'être acquitté de cette mission, Lobsang-Tsering et Tsaktserkan m'annoncent que Sa Sainteté me recevra demain matin à neuf heures. Pour ne pas éveiller la méfiance des Chinois, je me rendrai au Tachi-lumpo sans escorte. Seuls jusqu'ici, depuis les événements de 1904, sept officiers ou fonctionnaires anglais ont été admis à pareil honneur.

Que pourrai-je bien offrir au pape lamaïste ? J'y songe, j'ai une grande pharmacie de voyage renfermée dans une superbe boîte en aluminium. Après avoir enlevé les médicaments dont nous pourrions avoir besoin, je fais astiquer les flacons, les instruments, jusqu'à ce qu'ils luisent comme de l'argent. Enveloppée dans un morceau de soie jaune, cette boîte merveilleuse sera mon cadeau de bienvenue.

CHAPITRE X

UNE VISION DU MOYEN AGE MONACAL AU XXE SIÈCLE

Une audience du Tachi-lama. Le Tachi-lumpo. Cérémonies lamaïstes. La hiérarchie monacale. Une réunion sportive à Chigatsé. Politique et diplomatie.

Le 13 février, à neuf heures du matin, j'arrive au Tachi-lumpo, toujours en habit et en cravate blanche, avec Mohammed Isa, Robert et deux caravaniers. Guidé par Tsaktserkan et Lobsang-Tsering, je m'achemine vers le Labrang, le Vatican lamaïste. C'est d'abord un labyrinthe de ruelles sombres, entre d'énormes constructions, puis un dédale de pièces noires et d'interminables escaliers. Parfois cette obscurité s'éclaire de la pleine lumière du jour ; nous passons sur une terrasse pour enfiler ensuite de nouveaux couloirs obscurs. Finalement, nous arrivons dans une pièce couverte de coussins rouges où l'on me prie d'attendre. Quelques instants plus tard, je suis introduit auprès du ministre d'État. Ce haut dignitaire me reçoit dans sa cellule, une petite pièce entièrement rouge. Au haut d'une armoire laquée, ornée de délicates sculptures et d'incrustations métalliques, luisent des statuettes de divinités ; quelques-unes de petite taille sont en or massif. A côté de ces pièces artistiques, le bric-à-brac employé dans les offices, des sonnettes, des cymbales, puis des livres sacrés reliés entre des lamelles de bois, enfin une pacotille européenne, un réveil-matin, une valise, une lorgnette.

Au Tibet, qui dit visite dit cadeau. Je présente tout d'abord à Son Éminence un poignard du Cachemir ciselé ; à son tour, il m'offre une statuette religieuse dorée. Le profane et le sacré !

Pl. 22. Une ruelle dans le Tachi-lumpo.

Le Tachi-lama est en prière et nul ne peut pénétrer chez lui avant qu'il n'en ait donné le signal. Pendant ce temps, avec son ministre, je cause de choses et d'autres. Enfin un lama annonce que le grand pontife est prêt à me recevoir. Encore des escaliers, des galeries, puis de nouveaux escaliers. Le saint des saints demeure dans la partie la plus élevée du Tachi-lumpo. Ici un silence absolu ; dans les corridors, des lamas glissent sans bruit comme des ombres ; une impression de chose profondément mystérieuse et cachée. Parvenu dans un vestibule, Lobsang-Tsering m'annonce à voix basse que nous sommes arrivés. Dans cette pièce m'attendront mes gens : seuls Robert et Mohammed Isa seront admis en présence du pontife. Si j'avais pu me passer d'interprète, il eût même désiré me voir seul.

La porte s'ouvre : à l'entrée, je m'incline profondément, puis à plusieurs reprises en avançant vers le saint.

Le Tachi-lama est assis sur un banc fixé au mur, dans l'embrasure d'une fenêtre, devant une petite table garnie d'une tasse à thé, d'une jumelle et de quelques feuillets imprimés. Il est vêtu, comme un simple lama, d'une large toge serrée à la ceinture sous laquelle apparaît un gilet jaune garni de broderies d'or. Les deux bras et la tête sont nus.

C'est un petit homme bien bâti, ayant toutes les apparences de la santé. Son teint est clair avec une très légère nuance de jaune. Très cordialement, il me tend les deux mains et m'invite à m'asseoir sur un fauteuil, à côté de lui.

Cette pièce où le Tachi-lama passe une grande partie de sa vie est d'une véritable simplicité monacale. Aucun ornement, aucun tapis, aucun meuble, sauf la table et nos deux sièges. En revanche, un merveilleux panorama se découvre de la fenêtre ; le hérissement fantastique des innombrables clochetons dorés du Tachi-lumpo, la ville, l'horizon grandiose des montagnes, et, par-dessus, l'infini ciel bleu où, dans le Nirvana, les âmes pieuses trouveront l'éternel repos.

Les questions que me pose le Tachi-lama révèlent un esprit curieux et une intelligence très vive. Jamais auparavant je n'avais été soumis à interview aussi serré.

Mon interlocuteur m'interroge sur mon âge, ma caravane, les routes que j'ai suivies, sur mon pays, sur son étendue, le nombre de ses habitants, sa situation par rapport à l'Angleterre et à la Russie. Il s'informe si la Suède est un royaume indépendant, si elle a un roi particulier, quelle route il faut suivre pour y parvenir et quelle est la meilleure saison pour la visiter.

La conversation roule ensuite sur les divers pays d'Europe, leurs souverains, leurs puissances et leurs étendues respectives, sur la guerre russo-japonaise, ses principales batailles, et ses conséquences politiques dans l'Asie orientale. Le grand pontife me parle avec la plus grande déférence de l'empereur de Chine et avec un vif plaisir de son récent voyage aux Indes. Évidemment il a conservé le plus agréable souvenir de la réception qu'il a reçue. Non moins que les honneurs qui lui ont été rendus, les chemins de fer et l'armée anglo-indienne ont fait sur lui la plus grande impression.

— Lorsque vous écrirez à lord Sahib (le vice-roi), me dit-il, exprimez-lui toutes mes amitiés et assurez-le que je me souviens toujours de sa bienveillance à mon égard.

Le Tachi-lama me montre une gravure représentant les principaux chefs d'État. En dessous de chaque portrait, une inscription en tibétain indique le nom du souverain et celui du pays qu'il gouverne. Sur ces hauts personnages, mon interlocuteur m'interroge avec la plus vive curiosité.

Pendant l'audience, des lamas silencieux nous servent du thé et des fruits. En même temps que moi, le pontife vide toujours sa tasse, voulant montrer que lui, le saint des saints, ne craint pas de s'asseoir à la même table qu'un hérétique. Un moment, il fait signe aux prêtres de se retirer ; une fois que nous sommes seuls, il me prie de ne pas parler aux Chinois de la réception qu'il m'a réservée, afin de ne pas éveiller leur méfiance.

Le Tachi-lama m'autorise ensuite à revenir le photographier, à prendre des vues dans le couvent, et à le visiter. En même temps, il me promet de donner des ordres pour que je puisse continuer tranquillement mon voyage.

Après un entretien de plus de deux heures, je fais mine de me lever, mais le grand-lama me retient. C'est le moment de présenter mon cadeau. Mon élégante pharmacie de voyage fait un très vif plaisir au Tachi-lama. Pendant plusieurs jours ensuite, des lamas, appartenant à la faculté de médecine, vinrent travailler avec moi pour écrire en tibétain les noms de toutes les drogues et leur emploi. Afin de prémunir les docteurs du Tachi-lumpo contre de fatales méprises, je les avertis, ainsi que d'ailleurs le Tachi-lama, de ne pas faire usage des médicaments, sans au préalable prendre l'avis du médecin anglais attaché à la mission du major O'Connor à Gyantsé. Précaution inutile, car les moines tibétains croient leur thérapeutique de beaucoup supérieure à celle des Européens.

Seulement, après une audience de trois heures, je puis prendre congé de Sa Sainteté. En me revoyant, les lamas rassemblés au haut de l'escalier ouvrent de grands yeux étonnés. Cette longue audience est un événement extraordinaire, et du coup je me vois entouré du plus profond respect. Les pèlerins, qui m'avaient vu à la fête du Nouvel An, connurent bientôt les marques de bienveillance dont j'avais été l'objet ; de retour dans leurs campements, ils colportèrent la nouvelle et me représentèrent auprès des pasteurs comme un ami du grand pontife. Plus tard, lorsque je continuai mon voyage, cette réputation m'assura partout un cordial accueil.

Quatre jours après, je suis de nouveau reçu par le Tachilama pour le photographier. Cette fois encore, il m'interroge longuement sur les pays étrangers ; bref, je dois lui faire une véritable leçon de géographie descriptive. S'il n'était retenu par ses devoirs religieux, il irait très volontiers visiter Londres et ensuite la Suède, m'assure-t-il.

Après que je l'eus photographié, le saint des saints me demanda de poser à mon tour pour lui.

Aux Indes, un lama qui avait accompagné le pontife avait été initié au maniement des appareils et à toutes les manipulations, si bien qu'aujourd'hui, il y a au Tachi-lumpo, un photographe et un petit laboratoire fort bien installé. Dans cette chambre noire, j'ai pu développer un stock de plaques.

Après cette audience, je ne revis plus le Tachi-lama, de crainte que sa bienveillance à mon égard n'éveillât la méfiance des soupçonneux mandarins chinois. Mes entrevues avec lui m'ont laissé l'impression d'un esprit très fin, d'un caractère droit, d'une rare noblesse de sentiments.

... De cette ville de temples et de couvents que forme le Tachi-lumpo, je ne puis donner ici une description méthodique et me bornerai à une rapide esquisse de ses principaux monuments. Pour permettre au lecteur de situer dans le temps cette architecture, je rappelle au début que la fondation de ce monastère fameux remonte à 1445.

Je visitai d'abord les chapelles funéraires des cinq Tachi-lamas inhumés dans le couvent. Ces chapelles ont toutes la même forme et la même disposition et ne diffèrent que par des détails d'ornementation. Que l'on se représente un vaisseau carré, et, au centre, une pyramide de six à sept mètres, surmontée de la statue du saint assis dans une niche ornée de la feuille de lotus. Des bras de la statue pendent de longs *kadaks* en soie, tandis qu'autour flotte une forêt de bannières représentant les hauts faits du fondateur de la religion et des Pères de l'Église. La façade du sarcophage est couverte de plaques d'or et d'argent incrustées de pierres précieuses.

Pl. 25a

Pl. 25b

Pl. 25c
Tachi-lumpo : a. Namgial-lakang avec l'image de Tsongkapa. — b. Intérieur du mausolée du second Tachi-lama. — c. Entrée du mausolée du cinquième Tachi-lama.

La plus ancienne de ces chapelles remonte à la fin du XVIIe siècle. Le Tachi-lama, dont elle renferme les restes, est mort en 1662, après avoir occupé sa charge pendant quatre-vingt-treize ans. La plus récente, consacrée au prédécesseur du grand pontife actuel, date d'une vingtaine d'années seulement.

Après ces monuments, je visite un temple où cinq fois par jour se célèbre un long office, quelque chose comme une grand'messe. Pendant ces cérémonies, les moines demeurent accroupis sur des coussins rouges. Le Tachi-lama, lorsqu'il assiste à la cérémonie, prend place sur une chaire tendue de soie jaune. En certaines occasions le grand lama prêche ici devant son peuple de moines.

Très étrange est le Dena-Lhakang, le sanctuaire renfermant une inscription vénérée consacrée au fameux empereur de Chine, Kien-Loung, que le troisième Tachi-lama détermina à entrer dans la confrérie du Tachi-lumpo. Figurez-vous un corridor obscur, rempli de vieilles bannières poussiéreuses, et, au milieu de cette friperie, le portrait d'un saint, éclairé par les lampes votives et par l'étincellement métallique de bassines et de soucoupes en cuivre renfermant les offrandes traditionnelles.

Dans nos pays, les bibliothèques sont généralement bien éclairées pour permettre la lecture facile des textes ; ici c'est le contraire. Celle du couvent est noire comme une crypte. Dans tous les bâtiments du Tachi-lumpo, la lumière est d'ailleurs rare, afin de produire évidemment sur le visiteur une impression de mystère. Les lamas semblent avoir besoin d'ombre pour aviver leur foi en étudiant les livres sacrés. Dans cet asile de paix est conservé le livre des livres, le *Kandchour*, cent huit volumes in-folio, collection d'œuvres canoniques, traduites du sanscrit au IXe siècle !

Pendant mes longues et fréquentes promenades à travers le Tachi-lumpo, j'ai fréquemment assisté à de curieuses cérémonies.

Un jour, dans la cour d'honneur, le spectacle ne manquait pas d'originalité. Autour d'une estrade dressée sous une galerie étaient assis des lamas en robe jaune, tandis que deux autres, tête nue, demeuraient inclinés dans une immobilité silencieuse. Entre temps, trois moines, vêtus de rouge et coiffés d'un bonnet jaune, agitaient leurs bras dans la plus singulière gymnastique, ne s'arrêtant que pour pousser des cris stridents et pour enlever et remettre leur calotte. Qu'est-ce que cela pouvait bien signifier ?

Une autre fois, je dessinais dans le *Kandchour Lhakang*[11] (la bibliothèque), lorsqu'arrive un bataillon de jeunes lamas. Après avoir endossé par-dessus leurs robes rouges les chapes jaunes que les moines portent pendant les offices, les clercs s'assoient

---

[11] Mot à mot le temple du Kandchour, la bible du lamaïsme.

devant des pupitres garnis de volumes du Kandchour. Un vieux prêtre, installé dans un ambon, commence alors à chanter d'une voix de basse profonde les textes sacrés, que les élèves psalmodient. De temps à autre, les oraisons s'arrêtent ; de jeunes lamas arrivent alors avec de grandes théières et abreuvent copieusement les officiants, tandis que des pèlerins circulent et vont déposer des offrandes devant l'autel. De temps à autre, un moine posté près de la porte annonce sur une voix chantante, comme un commissaire-priseur aux enchères, qu'un fidèle paie telle somme pour une prière ou pour une bénédiction. Aussitôt les lamas entonnent un cantique d'action de grâce qu'ils terminent par un ban bruyant. Je tins à honneur de me montrer généreux ; je remis au frère trésorier cinq roupies, et à ce prix un chœur magnifique appela sur moi la bénédiction des dieux.

Ce fut dans un service nocturne que je ressentis la plus vive impression. Au milieu d'une obscurité profonde, l'autel, éclairé par une rampe de quarante lampes, se détachait comme une apparition flamboyante. Illuminées par ces lumières placées en contrebas, les saintes images avaient l'air de flotter dans l'espace et les moines couverts des traditionnelles chapes jaunes semblaient des ombres serties d'un reflet d'or. Leurs litanies montaient comme une rumeur sourde, interrompue de temps à autre par le tintement des clochettes ou le roulement des tambours. Soudain, sur un ton montant et descendant et avec une volubilité prodigieuse, un lama répète l'antienne *Om mani padmé houm* que tous les autres reprennent en sourdine. Peu à peu les voix s'affaiblissent dans un bourdonnement mystérieux. Cela devient comme une rumeur surnaturelle, et peu à peu on se sent envahi par une impression d'extase. Mais le salut des âmes ne fait jamais oublier aux lamas les besoins de l'estomac ; pendant qu'ils bredouillent leurs litanies, des frères lais leur versent d'abondantes tasses de thé.

Un autre jour, j'assistai à une dispute théologique entre deux lamas pour l'obtention d'un grade dans la hiérarchie monacale, quelque chose comme une soutenance de thèse. La scène se passait dans la cour, au milieu d'un nombreux concours de moines, en présence du Tachi-lama qui, pour la circonstance, portait le grand habit pontifical. Les deux candidats, vêtus de robes rouges et coiffés de casques très élevés de même couleur, saluent le maître, puis l'un d'eux se place sur la marche la plus basse de l'escalier monumental. De là il crie quelques phrases, probablement une citation des livres saints ou une question de dogme, claque bruyamment des mains, et fait le geste de lancer un projectile à la tête du second candidat. C'est alors au tour de ce dernier de parler et de se livrer à la même mimique. Cette singulière discussion durait depuis quelque temps. interrompue parfois par des observations du Tachi-lama, lorsqu'une escouade de frères lais vient placer devant le pontife des files de petites tables garnies de fruits, de pâtisseries et de mandarines. Aussitôt tout le monde se met à table. La collation finie, le matériel est prestement enlevé ; aussitôt après arrive une lente procession de moines portant de magnifiques théières, tandis que deux hauts dignitaires demeurent légèrement inclinés vers le grand lama, dans l'attitude de nos pasteurs luthériens lorsqu'ils chantent devant l'autel. La procession arrivée en présence du Tachi-lama, l'un des hauts dignitaires remplit une tasse à la théière d'or que porte le moine placé en tête du cortège et l'offre au pape lamaïste, pendant que le reste de l'assemblée monacale s'abreuve aux théières d'argent.

Durant ces collations, les deux orateurs avaient continué à discourir et à gesticuler. La dispute dura deux heures ; peut-être se serait-elle prolongée si le Tachi-lama, sans doute fatigué par l'immobilité de statue qu'il avait gardée pendant tout ce temps, ne s'était levé. Sous un large parasol de soie porté par un lama, il gravit l'escalier d'honneur avec une majestueuse lenteur. Pour la circonstance, un étroit tapis de couleurs éclatantes a été jeté sur les marches. Les pieds du pontife ne doivent point toucher la terre impure. Arrivé en haut, le saint disparaît derrière les colonnades pour regagner son « Labrang » aérien où il retrouvera le silence et le repos.

Le Tachi-lumpo constitue une ville, non pas seulement par son étendue et le nombre de ses constructions, mais encore par l'effectif de sa population. A l'époque de ma visite, le couvent ne renfermait pas moins de 3 800 moines ; lors des grandes fêtes, ce nombre s'élève à 5 000 par l'arrivée de lamas provenant des couvents situés aux environs.

La hiérarchie de cette armée monacale comporte quatre grades. Celui, conféré immédiatement après le noviciat, est le *guetsoul*. Parvenus à ce premier échelon, les clercs poursuivent leurs études théologiques et en même temps sont chargés de diverses besognes matérielles. Ils doivent porter à leurs supérieurs le thé, l'eau et le bois, nettoyer les temples, les lampes saintes, remplir les soucoupes d'offrandes, etc. Le Tachi-lumpo compte 2 600 *guetsouls*. Le second grade, le *guélong*, comprend trois classes et 1 200 titulaires. La troisième dignité, le *kampo-lama*, est beaucoup plus rare ; le couvent ne possède que quatre moines de ce rang. L'échelon le plus élevé ensuite est le *youngtchen*. Au Tachi-lumpo il y a seulement deux lamas appartenant à cette haute classe.

Sur la rapidité de l'avancement, les espèces sonnantes exercent, paraît-il, une très grande influence. Un mois après son entrée au couvent, un novice, moyennant 20 roupies [12], peut être promu à la troisième classe du second grade. Un don de 50 à 60 roupies le conduira ensuite rapidement au second échelon et moyennant 300, il deviendra *guélong* de première classe. Pour les emplois supérieurs, m'a-t-on assuré, seule la science théologique est prise en considération. La nomination d'un *kampo-lama* dépend uniquement du grand pontife et est conférée seulement aux moines ayant une instruction religieuse étendue, et encore fort rarement. De même le grade de *youngtchen* n'est obtenu que par les lamas possédant à fond les

---

[12] La roupie vaut 1 franc 67. (Note du traducteur.)

livres sacrés et après examen passé devant les plus hauts dignitaires.

Pour compléter ce tableau de la hiérarchie au Tachi-lumpo, ajoutons que l'orchestre compte 240 moines et le corps de ballet 60. Pas très occupés, ces danseurs sacrés ; trois fois par an seulement ils produisent leurs talents.

La très grande majorité des lamas de Chigatsé sont originaires du Tibet ; 400 viennent du Ladak et des pays de l'Himalaya occidental, et quelques-uns de Mongolie.

Cette nombreuse population monacale tire le plus clair de ses ressources des offrandes des pèlerins et de la vente des objets de piété. Tous les pieux voyageurs qui viennent faire leurs dévotions au Tachi-lumpo y achètent de petites statuettes des divinités les plus fameuses, des amulettes, des reliques, des bâtons d'encens, des images, etc. Cette pacotille, les moines la leur font payer un bon prix, après qu'elle a été bénie par le Tachi-lama. Lors des fêtes du Nouvel An à l'époque du grand pèlerinage, les lamas mettent en vente pas moins de 1 500 petites statuettes au prix de 7 roupies.

D'autre part, le couvent possède des terres, des troupeaux et les revenus de tout le Tchang ; de plus ses administrateurs se livrent à des opérations commerciales.

Ces diverses sources de bénéfice produisent des sommes relativement considérables, si bien que les 3 800 moines du Tachi-lumpo reçoivent non seulement le vivre et le couvert, mais encore un traitement annuel uniforme de 15 roupies.

Les lamas sont gens fort habiles et fins psychologues. Pour assurer leur prestige sur le peuple, ils s'efforcent de frapper son imagination par la magnificence et l'étrangeté des pompes religieuses et en même temps de l'amuser par des spectacles profanes adaptés à sa mentalité. C'est ainsi que, deux jours après la fête du Nouvel An au couvent, eut lieu un carrousel, pour divertir les pèlerins.

Cette réunion de printemps se tint dans la grande plaine au nord de la ville. Comme sur les hippodromes de nos pays, celui de Chigatsé a son pesage et sa pelouse. Le pesage est occupé par de grandes tentes bleues et blanches sous lesquelles ont pris place les mandarins du *dzong* et le tout Chigatsé en grande toilette ; en face, la pelouse est couverte par la foule des pèlerins, et le menu peuple. Entre les deux enceintes passe la piste, large de 2 mètres au plus, encadrée de murettes, avec, en face les tentes, deux cibles.

A un signal donné, soixante-dix cavaliers s'avancent au pas et à la file. La plus amusante mascarade que l'on puisse imaginer avec leurs chapeaux rouges, plats comme des assiettes, et garnis de touffes de plumes retombantes, leur accoutrement bleu, blanc ou jaune et leur harnachement de cirque. Après le défilé, l'escadron repasse deux fois au galop. Ensuite commencent les exercices de tir, d'abord avec l'arc, puis avec le mousquet. Le cavalier lancé au galop tire successivement sur les deux cibles distantes l'une de l'autre de 60 mètres environ. La difficulté consiste à recharger très rapidement, pour avoir l'arme prête lorsqu'on arrive devant le second but. Dans la cinquième épreuve, on tire le premier coup avec le mousquet et le second avec l'arc. Plusieurs cavaliers dépassèrent le but, avant d'avoir pu lâcher leur coup de fusil à temps ; ce fut alors, parmi les spectateurs de la pelouse, une fuite folle pour se garer des balles perdues.

Soudain une longue clameur de rires et de quolibets s'élève. A la dernière reprise, à la suite du brillant escadron apparaît un malheureux carcan monté par un mendiant déguenillé. C'est la fin du spectacle. Les cavaliers mettent pied à terre et s'en vont saluer les mandarins qui, en guise de prix, leur remettent des *kadaks* en soie. Autour des vainqueurs se presse une foule d'amis qui les complimentent et leur font également cadeau de ces foulards comme témoignage d'admiration. Si bien que les héros de la fête se retirent, portant au cou une soixantaine de ces morceaux de soie. Noblesse oblige ; pour tenir mon rang, j'offre aux cavaliers un thé abondant et un généreux pourboire auquel ils sont particulièrement sensibles ; aussi, pour me témoigner leur reconnaissance, ils m'escortent jusqu'à ma maison de leur bruyante cavalcade.

Je demeurai six semaines à Chigatsé, retenu par de délicates négociations.

Tout récemment, la politique anglaise a opéré au Tibet un changement de front complet. Après avoir surveillé étroitement ce pays et essayé d'y faire prédominer son influence, la Grande-Bretagne s'en est ensuite désintéressée. Aussi bien la difficile et coûteuse expédition à Lhassa en 1904 et tout le travail de la diplomatie britannique pendant une longue période ont abouti à ce résultat paradoxal de permettre ensuite à la Chine d'établir au Tibet une prépondérance effective, alors que jusque-là elle était purement nominale. L'Angleterre a travaillé pour l'empereur de Chine et a perdu par suite tout prestige.

Mon séjour dans la ville sainte mit bientôt en émoi les mandarins chinois de Chigatsé comme de Lhassa et de Gyantsé. Sur tous les tons, ils me répétaient que je n'avais pas le droit de séjourner au Tibet et me pressaient de quitter le pays en reprenant la route que j'avais suivie à l'aller. Tout autres étaient mes projets ; je me proposais de rentrer au Ladak, mais par un itinéraire nouveau ; de plus, je cherchais à amener les Chinois à me fournir les voies et moyens d'accomplir cette nouvelle exploration. Ce ne fut pas facile. Une démarche tentée par le ministre de Suède à Pékin, à l'effet d'obtenir pour moi du gouvernement impérial la permission d'explorer le Tibet, demeura sans succès, non plus qu'une requête adressée dans le même sens par le ministre du Japon. Ensuite ce furent d'interminables négociations avec le haut commissaire impérial à Lhassa, l'*ambane* de cette ville, l'agent Chinois à Gyantsé et divers autres fonctionnaires du Céleste Empire. Leurs propositions insidieuses tendaient à m'attirer à Gyantsé pour de là me faire reconduire à la frontière des Indes, vers Darjeeling. Je n'eus garde de tomber dans le panneau. A force de patience, j'arrivais à mes fins ; j'obtins de retourner au Ladak par l'ouest, c'est-à-dire en remontant la vallée du Brahmapoutre. Le passeport qui me fut remis spécifiait que je devais suivre le plus court chemin et marcher le plus rapidement possible, en touchant le confluent du Raga-tsanpo, Saka-dzong, Tradoum, Touksoum. Pendant tout le voyage, je devais être escorté par des fonctionnaires chargés de fournir aux besoins de la caravane et de veiller à ce que je ne m'écartasse pas de l'itinéraire tracé par les autorités. A cet égard, je n'élevais aucune objection, sachant que mes surveillants ne résisteraient pas aux arguments dont je disposais.

Deux jours après, la caravane était parée pour une nouvelle campagne.

CHAPITRE XI

VERS LE LAC INTERDIT

Départ de Chigatsé. Temples et couvents. Le Ragatsangpo et le Mu-tchou. Sur le Transhimalaya. Le Dangra-tso. De nouveau arrêté par les Tibétains.

Après une halte de quarante-sept jours à Chigatsé, le moment du départ est arrivé. Dans le mystère de ses temples et dans l'ambiance prenante de sa vie religieuse, j'ai passé des heures inoubliables. A travers le flot tumultueux de mes souvenirs d'Asie, elles laisseront un sillage ineffaçable.

Dans la matinée du 27 mars, j'envoie mon fidèle Mohammed Isa présenter mes devoirs et mes remerciements au Tachi-lama. Pour répondre à cette démarche, le grand pontife me fait remettre un *kadak* en soie dont j'entoure la statuette religieuse qu'il m'a donnée. En même temps, je vais prendre congé du commandant de la garnison chinoise. Ces devoirs de politesse accomplis, je saute en selle. Suivi de mes surveillants, une dernière fois je traverse la ville sainte. Quelques minutes plus tard, nous sommes dans la campagne et bientôt après, derrière la colline du *dzong* les flèches dorées du célèbre couvent disparaissent. Adieu pour toujours, divin Tachi-lama ! Mon rêve est vécu ! Maintenant en route vers de nouveaux déserts, vers le grandiose Transhimalaya et les monts ignorés du Brahmapoutre supérieur. De ce côté, j'aurai de nombreux mystères à éclaircir.

... Au début, la route s'ouvre facile à travers la vallée du Brahmapoutre. En revanche, pas précisément agréable le début de cette seconde campagne. Trois jours durant, la sempiternelle tempête d'Ouest avec son accompagnement habituel de pluie de sable. On est tout à la fois aveuglé et asphyxié. Des gorges le vent chasse d'épais tourbillons qui s'étendent au loin vers l'aval, comme de longues traînées de fumée.

... Toujours des cultures, des villages et des temples. L'impression de pays habité que j'ai déjà éprouvée en descendant vers Chigatsé, il y a six semaines, se précise. A Karou, où j'arrive le 30 au soir, des champs de froment et des jardins potagers.

Dans cette région, je visite plusieurs couvents intéressants, notamment le Tarting-goumpa [13] et le Tachi-Guembé. Le premier, situé dans un vallon tributaire du Brahmapoutre, renferme un temple émouvant par l'impression de mystère qu'il produit. Une immense salle, très sombre, encombrée d'une forêt de colonnes, et, à travers cette demi-obscurité, une fantastique décoration, luisante d'or, apparaissant comme la vision d'un autre monde. Et, pour augmenter la sensation du surnaturel, le bourdonnement enveloppant de litanies.

---

[13] Goumpa. Couvent en tibétain (Note du traducteur).

Pl. 26. Le couvent de Tarting.

Une chapelle voisine renferme les tombes des supérieurs du monastère, des monuments carrés, enrichis de feuilles d'or et de pierres précieuses, surmontés des statues de ces pieux personnages. Le plus récent porte enchâssées deux petites pierres noires, des porphyres ou des diabases, en tout cas des roches très dures. Sur l'une, un moine me montre l'empreinte du pied du lama inhumé dans ce sarcophage, sur l'autre celle de quatre de ses doigts. On peut toucher... ; la pierre porte, en effet, une empreinte profonde de deux centimètres. Au Tibet, il y a évidemment d'habiles ouvriers !

Après cela, je pénètre dans la maison d'un lama mort la veille à l'âge de quatre-vingts ans. Dans la cour, sous une grande tente noire, deux hommes et une femme découpent de petits morceaux de bois, longs de 0,60 m., sur lesquels on gravera ensuite des prières et des versets. En même temps, un troisième homme couvre de cercles et de dessins symboliques une grande feuille de papier. Tout cela est destiné au bûcher funéraire. De son côté, au moyen d'un bloc, le domestique du défunt imprime en rouge des sentences sacrées sur des bouts de papiers. Sept cents de ces feuillets doivent être incinérés, en même temps que le corps, afin que les prières qu'ils portent protègent l'âme du défunt à travers l'inconnu du grand voyage. Dans la cellule du moine, quatre prêtres récitent l'office des morts ; pendant trois jours, ils doivent accomplir cette fonction religieuse. Sur le lit, le cadavre est accroupi, le visage recouvert d'un mince *kadak*, coiffé d'un bonnet de drap bleu et rouge, habillé de vêtements bariolés. Devant la dépouille est dressé un petit autel garni de statuettes religieuses, de soucoupes et de petites bougies. Lors de la cérémonie funèbre, le corps, me dit-on, sera revêtu de blanc et ceint d'une couronne en papier. La crémation aura lieu dans un vallon au pied du temple ; ensuite les cendres seront emportées par un lama pour être déposées dans un *tchorchen*, près de la montagne sainte du Kailas.

Le défunt était entré au couvent en 1832, à l'âge de cinq ans. Il avait donc vécu soixante-quinze ans dans cette étroite cellule, voué à la contemplation et à la prière. Combien triste et lourde doit être une telle existence de renoncement, une pareille abolition de la personnalité humaine

Aux environs de Yé, je visite plusieurs autres couvents. D'abord le Tougden-goumpa, un groupe pittoresque de constructions bariolées de bleu, de blanc et de rouge. De loin, on dirait de gigantesques drapeaux tricolores appendus à la colline. Le couvent est occupé par trente moines appartenant à une secte qui autorise le mariage des lamas sous certaines conditions.

Près de ce monastère, s'en trouve un second occupé par soixante nonnes d'un ordre mendiant.

Le 2 avril, je me rends au Tachi-Guembé, grand couvent de deux cents moines, le plus riche et le plus curieux que j'aie vu après celui de Chigatsé. Reçu à l'entrée par une centaine de lamas, je suis conduit par ce cortège dans la cour d'honneur, entourée de galeries ornées de fresques, comme celle du Tachi-lumpo. De là, par un escalier, on me mène dans un *doukang* rempli d'armures et d'armes primitives telles que les dieux doivent en porter dans leurs combats contre les démons. Au milieu, sous une voûte de bannières, s'élèvent les statues de Chakiya-Toba et de Boudda, entourées de soucoupes remplies d'une claire eau de source, le nectar des dieux.

Le long d'un mur s'alignent en longs rayons les livres sacrés du *Kandchour* et du *Tandchour*, 343 in-folios ! Pas précisément portatives, les deux bibles du lamaïsme. Pour leur transport, 150 chevaux sont nécessaires.

Les temples du Tachi-Guembé, plus magnifiques les uns que les autres, renferment de précieuses reliques. Dans de superbes coffrets en or massif, étincelants de pierreries sont conservés le sang et les ossements de lamas vénérés. Et, à côté de ces richesses, s'étale un bric-à-brac de revendeur, des figurines en cire représentant des Européens en costume de 1830. Comment ces statuettes sont-elles venues échouer ici ? Tout ce que l'on peut me dire, c'est qu'elles ont été envoyées de Péking.

Après ces excursions, le 3 avril, je poursuis ma route à travers la vallée du Brahmapoutre. Au delà de Yé, elle se resserre en une gorge étroite ; avec ses villages perchés au sommet des falaises, ce défilé rappelle les paysages fameux des bords du Rhin. J'arrive ainsi au con-fluent du Raga-tsangpo ou Dok-tchou, comme on l'appelle dans le pays. Cette rivière est un puissant cours d'eau. Large de 54 mètres et profonde de 1,05 m. au maximum, elle a un débit de 33 mètres cubes à la seconde, tandis qu'en ce point, celui du Brahmapoutre s'élève a 84 mètres cubes.

La région au nord du confluent du Raga-tsangpo est inconnue. Aussi bien, quoique ce territoire me soit interdit, je prends la résolution de faire une pointe de ce côté. Je voudrais reconnaître l'extension du Transhimalaya, et, si les circonstances le permettent, pousser jusqu'au Dangra-tso, le grand lac sacré du Tibet central. En gens avisés, mes surveillants se gardent d'élever la moindre objection à mes projets ; ils paraissent se soucier médiocrement des ordres donnés par les mandarins chinois, et, ceux qui les remplacent quelques jours plus tard se montrent tout aussi accommodants.

La vallée inférieure du Raga-tsangpo est très pittoresque et très intéressante, au point de vue géologique. Dans cette région, l'érosion atmosphérique s'est exercée avez une ampleur remarquable et a été le principal agent génétique du modelé du terrain. On rencontre d'abord des nappes de sables et de graviers, produits de la kaolinisation du granite, puis des roches aux formes bizarres sculptées par les agents météoriques ; tel un énorme bloc ovale, semblable à un œuf dressé debout. Au village de Lingim, j'abandonne le Raga-tsangpo pour m'engager dans la vallée du Mu-tchou, dont j'ai visité le bassin supérieur, il y a deux mois, en descendant du Transhimalaya. Jusqu'au cœur des montagnes, cette vallée renferme une population relativement nombreuse. Au débouché de presque tous les tributaires sont installés des villages, et de distance en distance de pittoresques couvents couronnent les hauteurs. Le plus important est celui de Lingha, avec une quarantaine d'édifices perchés sur un escarpement à pic. Les emplacements des monastères tibétains ont été choisis par des artistes.

Les trente moines de Lingha me font un accueil très amical. Après m'avoir offert une collation dans la cour d'honneur, ils me conduisent au principal sanctuaire. De même que tous ceux que j'ai déjà visités, sa façade est couverte d'un badigeon rouge, et son intérieur sombre comme une grotte, avec, au milieu de cette obscurité, des images saintes se détachant en pleine lumière, sous un éclairage tombant du toit.

Après une halte de trois jours, je poursuis mon chemin dans le nord-ouest, le long du Mu-tchou. Le sentier, établi en corniche au-dessus de la gorge où bouillonne le torrent, est singulièrement périlleux. Sur ce balcon aérien, le moindre faux pas serait mortel. Aussi quel n'est pas mon effroi en voyant s'abattre le cheval de Robert ; heureusement, prestement mon assistant se dégage et grâce à son agilité, évite une chute fatale.

Dans la soirée, campé près d'un petit village de Langmar. Le hameau de Govo que nous rencontrons le lendemain marque la limite de la culture des céréales dans la vallée, par suite la frontière entre les populations agricoles et sédentaires et les pasteurs nomades.

Avant d'entrer dans le pays des tentes, je visite les maisons de Govo qui sont un excellent type d'habitation tibétaine. La construction en est fort simple. Des pierres sèches et de la terre pour boucher les interstices. Chaque demeure ne comporte pas moins de quatre ou cinq maisons. Visitons la plus importante du village. Dans une première cassine, je trouve une femme en train de tisser, et dans une seconde, un vieillard occupé à fendre du bois. A côté, se trouve une troisième cabane, très sombre, couverte de solives et de branches entrecroisées

Pl. 27. Femmes du village de Namla situé dans un vallon tributaire du Brahmapoutre supérieur.

et chargées de terre et de pierres plates. Cette couverture est percée de deux trous, tout à la fois cheminée et fenêtre.

Ensuite, nous voici dans la cuisine, la principale pièce de l'habitation, garnie d'un four en pierres avec des trous pour les marmites et les théières. Au moment de mon arrivée, on y faisait griller dans une bassine en terre du blé, une friandise du pays qui mérite sa réputation. L'habitation est complétée par des étables et des magasins. Pour la protéger contre les mauvais esprits, des faisceaux de baguettes sont fichés debout sur les toits.

Après cette visite, je jette un coup d'œil dans la tente de mes surveillants. Au prix de pénibles efforts ils rédigent un rapport aux autorités de Chigatsé. Le bon billet que recevront les mandarins ! Mes gardiens les assurent que je suis ponctuellement la route prescrite !

Au delà de Govo commence la haute montagne. Ici c'est encore l'hiver ; la nuit le thermomètre descend à — 15° et le Mu-tchou, maintenant un simple ruisselet, coule sous un tunnel de glace.

D'interminables pentes couvertes de graviers nous amènent au sommet du Tchang-la-Pod-la (5 573 m.), ouvert dans le Transhimalaya. Tchang signifie nord ou pays situé au nord, et Pod ou Peu, le Tibet, ou le pays habité par une population sédentaire. On peut donc traduire ce nom par le col entre le pays des nomades au nord et celui des sédentaires au sud, ou encore par le seuil séparant le plateau septentrional des régions dont les eaux se dirigent au sud vers la mer. Ainsi avant les explorateurs, les indigènes ont reconnu l'importance du Transhimalaya comme ligne de partage. Cette excursion me permet de constater que cette puissante chaîne s'étend à 71 kilomètres dans l'ouest du Sela-la.

A mesure que j'avance vers le nord, j'ai l'impression de remonter le cours des saisons. Dans la nuit du 21 au 22 avril, le thermomètre tombe à — 23°.

Le Tchang-la-Pod-la franchi, le décor change complètement. Au lieu des paysages tourmentés du Mu-tchou, de ses profondes vallées et de ses brusques escarpements, rien que d'immenses horizons vides avec, çà et là, des massifs désagrégés. Nous sommes sur le plateau du Tibet aux eaux impuissantes à entraîner les ruines accumulées par l'érosion météorique.

Plus loin, le paysage devient grandiose. Au nord-ouest se dresse l'énorme masse blanche du Targo-gangri, et au delà on devine l'emplacement du fameux Dangra-youmtso [14]. Malgré mes efforts réitérés, toujours les Tibétains ont réussi à me fermer l'accès de ce lac. Puissé-je cette fois être plus heureux ? Toute cette région que j'embrasse du regard n'a jamais été explorée. La représentation qu'en donne la carte de Nain-Sing a été établie par renseignements. C'est bien tentant, mais mes surveillants se résigneront-ils à donner un nouvel accroc aux ordres officiels ? Le passeport qui m'a été remis me défend formellement l'accès de Lhassa, de Gyantsé et du couvent de Sekiya, mais ne mentionne pas le Dangra-youm-tso parmi les localités qui me sont interdites. Ce que la loi ne défend pas est permis ; donc, sans désobéir au gouvernement, je puis visiter le lac. Ce raisonnement spécieux toucha mon escorte et son chef déclara ne voir aucun inconvénient à la réalisation de mon désir : il ne mettait qu'une condition à me laisser filer vers le nord, c'est que le prix de location des animaux qu'il me fournissait fût doublé et fixé désormais à un tenga (0 fr. 60) par jour et par tête. Avec quelle joie je souscris à cette demande ! Que ne donnerais-je pas, en effet, pour suivre cet itinéraire à coup sûr fécond en découvertes. Et, le 24 avril, nous nous acheminons vers le Dangra-tso, en passant au nord-est de la vallée du Targo-tsangpo.

---

[14] Dangra-youm-tso ou Dangra-tso.

Ces derniers jours, l'effectif de l'escorte a singulièrement augmenté. Maintenant il s'élève à une quarantaine de Tibétains, montés les uns sur des chevaux, les autres sur des yaks. Derrière cet escadron, suit une longue file d'animaux de bât chargés de bagages. La caravane ressemble à une tribu en migration.

Le 25 avril, nous traversons un col peu élevé, le Ting-la (altitude : 5 108 m.), puis le lendemain un second, le Tarboung-la.

Du versant septentrional de ce dernier seuil se découvre un des plus grandioses panoramas que j'aie contemplés dans cette partie du Tibet. Au-dessus d'une immense perspective de plateaux et de reliefs peu accusés, surgissent, comme des îles escarpées, deux énormes chaînes de montagnes. A l'ouest-nord-ouest, c'est au-dessus d'un lac que les guides nomment le Chourou-tso, une puissante crête neigeuse, frangée de petits glaciers, et, plus loin dans le nord, le Targo-tangri, hérissé de seize pics et tapissé sur son versant est de cinq nappes de glace profondément encaissés. Au delà de ces cimes superbes, une baisse de terrain indique l'emplacement du Dangra-tso, vers lequel incline la large et plate vallée du Targo-tsangpo.

Pl. 28a. Le Targo-gangri. Vue prise des bords du Targo-tsangpo.

Je suis plein d'espoir, lorsqu'à l'entrée même de cette terre promise, subitement les choses prennent une tournure fâcheuse. Prévenus d'avoir à tenir prêts leurs yaks pour le transport de mes bagages, les nomades du voisinage ont déclaré ne vouloir prêter aucun concours à un Européen ; ils menacent même de me contraindre de vive force à la retraite si je poursuis ma route vers le Dangra-tso. Peut-être après tout est-ce pure forfanterie et je continue. Mais, le 26 au soir, au moment où nous dressons le camp, vingt cavaliers armés jusqu'aux dents arrivent, chargés, annoncent-ils, de m'interdire l'accès du lac sacré, au nom du gouverneur du Naktsang. Le lendemain, ils reçoivent un renfort de douze hommes et le 28 d'une trentaine d'autres ; la force chargée de m'interdire l'entrée du lac s'élève à soixante soldats pour le moins. Décidément, je n'ai pas de chance avec le Dangra-tso ; trois fois je suis parvenu à m'en rapprocher et trois fois, arrivé presque jusqu'au but, j'en ai été repoussé. Après de longs palabres, j'obtiens de m'avancer jusqu'à une colline en vue du lac. De cette éminence, j'embrasse le bassin méridional du Dangra-tso et les vastes plaines que le Targo-tsangpo découpe en nombreux méandres, avant de se jeter dans ce vaste bassin.

Quoique l'eau du Dangra-tso soit très salée, les pèlerins la boivent. La foi religieuse empêche les pieux voyageurs de sentir son amertume. Le lac est encore gelé, mais la débâcle semble prochaine. Tandis que la plupart des bassins du Tibet sont orientés est-ouest, celui-ci a son plus grand axe dirigé nord-sud, ainsi que l'indique d'ailleurs la carte de Nain-Sing. Ce document donne à cette nappe surtout à sa partie méridionale des dimensions beaucoup trop grandes. D'après les indigènes, en cinq étapes de longueur moyenne ou en sept courtes journées de route, un cavalier ferait le tour du Dangra-tso. Les pèlerins l'effectuent à pied, de droite à gauche s'ils sont orthodoxes, de gauche à droite s'ils appartiennent à la secte Pembo. Cette longue marche, ils l'accomplissent en souvenir de Podma-Sambhova, le vénéré fondateur du lamaïsme au Tibet.

Le couvent de Serchik, situé sur les bords du bassin méridional, au pied oriental du Targo-gangri compte seulement vingt moines appartenant à la secte Pembo.

La vallée du Targo-tsangpo est bordée d'un étagement très net de cinq terrasses. En revenant vers le camp, je mesure par un nivellement la hauteur de la plus élevée au-dessus du torrent qui en ce point se trouve à environ 2 mètres au-dessus du lac. Cette opération donne comme résultat 89 mètres. D'autre part, principalement au sud, le Dangra-tso est entouré d'immenses plaines basses. A une époque peu éloignée, il a donc couvert une surface beaucoup plus grande qu'aujourd'hui.

Le lendemain, nous battons en retraite, mais, au lieu de reprendre le chemin suivi à l'aller, je fais route au sud-ouest, afin de recouper une troisième fois le Transhimalaya.

Chapitre XII

Sur l'Himalaya

Le printemps au Tibet. Le Chourou-tso. Trois grandes ascensions en trois jours. L'Amtchok-tso. Raga-tasam. Nouvelle négociation avec le commissaire impérial chinois. Mort de mon caravanier en chef. Une excursion au Népal.

Le jour de la fête du printemps en Suède ! (1ᵉʳ Mai). Le temps est superbe ; sur l'horizon neigeux, un clair soleil sème un étincellement d'or. En revanche, les nuits sont encore très froides, — 16° pour le moins.

Pl. 29a. Montagne isolée près du Chourou-tso.

Après avoir traversé le Targo-tsangpo, je franchis vers le sud-ouest, le relief qui sépare le Dangra-tso du Chourou-tso. Pendant cette ascension, le Targo-gangri se lève devant nous dans toute sa gloire. Ce massif est soumis à une glaciation intense. En outre des glaciers situés sur le versant nord, j'en découvre six autres plus petits sur la face sud-ouest : toute cette crête est cimée d'une calotte de glace.

Pl. 29b. Le Chourou-tso.

Le soir, campé sur les bords du Chourou-tso, encore couvert de glace.

Cette région bordière du plateau tibétain est relativement peuplée. Sur le plateau au sud du Dangra-tso, les campements sont fréquents ; du côté du Chourou-tso, quoique plus rares, ils sont encore assez nombreux. Hier, nous avons rencontré une tente et un troupeau de six cents moutons, aujourd'hui un gros campement.

2 Mai. — Longé la rive est du lac. Comme le Dangra-tso, le Chourou-tso est orienté nord-sud et entouré d'un étagement de terrasses.

Tempête de sable, pour ne pas en perdre l'habitude.

Au sud du Chourou-tso, nous montons et descendons une série de gros reliefs. Le 3, ascension du Dounka-la ; le lendemain, escalade du Ben-la ; enfin, le 6 mai, nous traversons le Transhimalaya au col d'Angden, ouvert à l'altitude de 5 643 mètres et à 86 kilomètres dans l'est du Tchang-la-Pod-la. Pour la troisième fois, j'ai réussi à traverser ce puissant massif. Désormais, il sera donc possible de tracer sur les cartes cette colossale saillie de l'écorce terrestre, dont l'étendue était jusqu'ici demeurée mystérieuse.

Pl. 29c. L'Angden-la (col ouvert dans le Transhimalaya à l'altitude de 5 643 m.).

Du haut de cette chaîne se déroule un nouveau panorama, très instructif. Vers le nord, le regard embrasse le Targo-gangri et le Chourou-tso, et, du côté du Sud, par delà la grande dépression occupée par la Brahmapoutre, les crêtes mystérieuses de l'Himalaya.

Ici, comme aux deux cols où nous l'avons précédemment franchi, le Transhimalaya forme la ligne de partage entre les bassins fermés du Tibet central et les eaux tributaires de l'Océan Indien. Les ruisseaux qui sillonnent le revers septentrional de l'Angden la convergent vers le Chourou-tso, tandis que ceux de sa face méridionale vont grossir le Raga-tsangpo.

La descente est singulièrement difficile. Partout des pentes très rapides ; ensuite, une vallée encombrée de plaques de glace produites par la congélation de sources et par les épanchements des torrents. Et, toujours une tempête furieuse nous soufflant en pleine figure. Un peu plus bas cette vallée s'unit à une autre très large, celle du Kiam-tchou issue du Cha-la, un col du Transhimalaya ouvert plus à l'est.

Le lendemain encore, tempête. Le vent fait rage ; par moments les chevaux s'arrêtent, incapables de vaincre la résistance des rafales. Au milieu d'une petite plaine, les trombes de poussière soulevées par l'ouragan montent droit en un énorme panache, comme un nuage de fumée projeté par quelque formidable explosion.

Le 8 mai au soir, campé sur les rives de l'Amtchok-tso.

Malgré la tempête, j'entreprends l'exploration de cette nappe d'eau. Ce bassin est très plat ; sur une étendue considérable, la profondeur est si faible que les rames touchent le fond. La plus grande cavité sondée ne dépasse pas 3,66 m. Le Kiam-tchou se déverse dans la partie nord du lac par un large delta sablonneux qui compte une vingtaine de branches environ. Son émissaire, le Dongmo-tchou sort de la rive orientale, pour se diriger vers le Raga-tsangpo.

Les nuits sont encore très froides. Durant celle du 9 au 10, le thermomètre tombe à 17° sous zéro, et, le 11 éclate une furieuse tourmente de neige. Il est joli, le mois des fleurs, au pied du Transhimalaya.

Après un dédale de vallées et de crêtes, nous atteignons Kamba-Soundo, le confluent des deux branches supérieures du Raga-tsangpo. Au loin, dans l'ouest, se dresse le puissant massif neigeux de Tchomo-Outchong. Une nouvelle journée de marche, puis nous arrivons à Ragatasam, station de la grande route de Lhassa à Leh.

A peine le camp est-il installé que les deux représentants du gouvernement tibétain dans ce village demandent à me parler. Ils se montrent très courtois et fort prévenants ; en revanche, ils manifestent le dessein arrêté de ne pas me laisser désormais m'écarter de la route qui m'a été fixée. Mon passeport spécifie expressément qu'après Ragatasam je dois toucher Saka-dzong. Par suite, le chef de district veut m'obliger à suivre la grande route, le *tasam* suivant l'expression tibétaine. Tout récemment cet itinéraire a été suivi par Ryder et Rawling et la carte qu'ils ont rapportée de ce voyage est la plus complète et la plus précise qui ait jamais été levée au Tibet. Que pourrai-je faire après eux ? Aussi bien, je me résous à une démarche auprès du haut commissaire impérial à Lhassa et de l'*ambane* chinois de cette ville, afin d'obtenir l'autorisation de faire plusieurs crochets en dehors de la grande route. Le soir même, deux de mes gens partent pour Chigatsé, chargés de lettres adressées à ces hauts fonctionnaires, qu'ils remettront au commandant chinois de cette ville, avec prière de les faire parvenir à leurs destinataires. C'est une course de 350 kilomètres. J'attendrai ici le retour de mes courriers.

Les nuits sont toujours glaciales. Dans celle du 15 mai, le thermomètre descend à — 25,8°. Il est vrai que nous sommes à l'altitude de 4 948 m.

Les fonctionnaires tibétains paraissent avoir hâte de me voir quitter Raga-tasam. Tous les jours, ils viennent me demander quel jour je compte me mettre en route. Voyant que je ne bouge pas, ils déclarent ne pouvoir désormais me fournir de vivres. C'est à qui montrera le plus d'entêtement. Entre temps, j'annonce à mes surveillants le départ de mes courriers pour Lhassa. Cette nouvelle fait sur eux une grande impression, et, le lendemain ils reviennent discuter la question de mon départ. Dans cette nouvelle entrevue, je demeure aussi intransigeant que dans les précédentes ; je suis prêt à déférer au désir de mes interlocuteurs et à m'acheminer vers Saka-dzong ; mais à aucun prix je ne prendrai la route directe, je veux passer au nord du massif de Tchomo-Outchong. Des heures nous discutons sans aboutir. La nuit porte conseil ; le lendemain, les Tibétains se décident à me laisser prendre l'itinéraire que j'ai choisi.

Le 21, nous voici de nouveau en route à travers un pays que n'ont point exploré Ryder et Rawling.

La région dans laquelle nous sommes engagés est un inextricable dédale de montagnes. Le 23, nous ne franchissons pas moins de quatre crêtes au prix de grosses difficultés. Les pentes d'un de ces reliefs sont couvertes de fondrières ; les chevaux enfoncent jusqu'au genou et ont ensuite toutes les peines du monde à se déhaler de cette bourbe. Le lendemain, c'est une effroyable tourmente de neige. Impossible de voir à trois pas devant soi. A la fin de mai, un vigoureux retour offensif de l'hiver ! Poursuivant la descente en dépit de l'ouragan, nous atteignons une large plaine traversée par la grande route, à une petite journée de marche de Saka-dzong.

Un peu plus à l'ouest, le Tchaktak-tsangpo se jette dans le Brahmapoutre. Il importe de déterminer la position de ce point qui n'a pas été touché par l'expédition anglaise. Mes surveillants n'osant prendre sur eux d'autoriser cette nouvelle infraction aux ordres de Lhassa, j'expédie un courrier au gouverneur de Saka-dzong pour lui demander de me laisser visiter ce confluent intéressant.

Contrairement à mon attente, la réponse est affirmative, sous la condition que le gros de la caravane se rendra directement à Saka-dzong. Mes gens serviront d'otages.

Le 27, au matin, le gros du convoi s'ébranle vers le sud sous la conduite de Mohammed Isa. Comme toujours mon excellent chef de caravane est plein d'entrain et exubérant de santé. Hélas ! ce collaborateur précieux, dont le dévouement a assuré pour une bonne part le succès de mon entreprise, je ne le reverrai plus !

Pl. 28b. Pont sur le Brahmapoutre

Deux jours après, j'arrive au confluent du Brahmapoutre et du Tchaktak-tsangpo. Au cours de cette excursion en territoire interdit, un beau jour, un petit fonctionnaire local arrive au camp, en proie à une colère indescriptible. Il bouscule les Tibétains à mon service et enlève à mes Ladakis leurs provisions, sous prétexte qu'ils n'avaient pas le droit de les acheter.

Ce territoire vous est interdit, déclare-t-il à mes gens, et il les menace de les faire conduire à Saka-dzong sous escorte. Aussitôt je mande le personnage et lui annonce que je me plaindrai de son attitude aux mandarins de Lhassa. Il entre alors dans une rage folle et tire son sabre ; devant mon calme impassible, sa colère tombe du coup et tout penaud il remet l'arme au fourreau. Dans la soirée, le bonhomme revient au camp, cette fois dans des dispositions fort différentes. Il nous apporte des vivres, nous offre des yaks pour le transport des bagages et m'annonce que je suis libre de prendre telle route qui me conviendra. Jamais je n'ai pu savoir ce qu'était ce fonctionnaire. Suivant toute vraisemblance, il avait agi à l'instigation des autorités pour me démontrer les dangers auxquels je serai exposé en dehors de la grande route. Mais cela ne prit pas, comme on dit.

Le 1er juin, je gagne Saka-dzong. Une mauvaise nouvelle m'y attendait. Vers midi, Mohammed Isa était tombé subitement très malade ; tandis qu'il regardait s'il nous voyait revenir, il s'était affaissé sans connaissance. Dès mon arrivée, je me précipite dans la tente de mon fidèle caravanier en chef ; il me suffit de le regarder pour voir la gravité de la situation. Mohammed a été frappé de paralysie, il a le côté gauche complètement insensible, le pouls très faible et la parole embarrassée.

Tous les soins que nous lui prodiguons demeurent inutiles. Quelques heures plus tard, il rendait le dernier soupir. C'est une lourde perte. Mohammed Isa était le modèle des chefs de caravane ; avec lui on pouvait aller partout et se tirer de toutes les difficultés. Très ferme sur le chapitre de la discipline, il maintenait l'ordre le plus strict dans le convoi, et toujours de belle humeur, il obtenait des hommes une somme considérable d'efforts. Prévoyant et possédant une profonde connaissance des Tibétains, il savait de plus éviter les difficultés et les conflits.

L'inhumation eut lieu le lendemain avec toute la pompe que les circonstances me permettaient de donner à cette triste cérémonie.

Pl. 30. Enterrement de Mohammed Isa

Pour commémorer le souvenir de cet excellent serviteur de l'exploration au Tibet, je fais dresser sur sa tombe une pierre rappelant ses services et sa participation aux expéditions de Carey, de Dalgheish, de Dutreuil de Rhins, de Younghusband, de Rawling, de Ryder. En remplacement de Mohammed Isa, je nomme chef de caravane, le vieux Gouffarou, le doyen de mes gens. Le soir de l'enterrement, les musulmans de la caravane célèbrent les vertus du défunt en des chants interminables et lui rendent un dernier hommage dans un bruyant festin.

Le gouverneur de Saka-dzong est pour le moment absent ; par ordre du haut commissaire chinois, il parcourt sa province afin de dresser une statistique de tous les campements et de toutes les localités habitées. Depuis leur mainmise sur le pays, les Célestes travaillent à y organiser une administration.

Avec le remplaçant du gouverneur, ce sont les mêmes difficultés que celles que j'ai déjà rencontrées à Ragatasam. Il veut m'obliger à prendre la route directe de Saka-dzong à Tradoum, alors que je veux passer au nord par Nioukou. J'emploie alors la même tactique qui m'a déjà réussi : je ne quitterais pas Saka-dzong si on ne me laisse pas suivre l'itinéraire que j'ai choisi. Après sept jours d'attente, mon obstination a raison des procédés dilatoires des Tibétains. La route désirée m'est ouverte.

Pl. 31. Un lama.

Le 7 juin, nous partons. Le soir, mes gens se disposaient à camper près d'un couvent, lorsqu'une bande de lamas arrive menaçante et les somme de déguerpir. Un caravanier lamaïste que j'expédie en parlementaire est repoussé par ses coreligionnaires. Ils ne sauraient, disent-ils, tolérer la présence d'un Européen près de leur monastère. C'est la seule manifestation xénophobe à laquelle les moines tibétains se soient livrés à mon égard.

Je passe rapidement sur l'itinéraire entre Saka-dzong et Tradoum, très intéressant au point de vue topographique, mais qui ne présente aucun incident digne de mention.

Le 17 juin arrive enfin la réponse du commissaire chinois à la demande que je lui ai adressée de Raga-tasam. Elle est négative. Ce haut mandarin me refuse péremptoirement l'autorisation de visiter les territoires situés au nord du Brahmapoutre, sous prétexte que les habitants pourraient me faire un mauvais parti. Quelle sollicitude à mon égard ! Décidément dans cette exploration, je n'ai pas de chance avec les ministres et les sous-ministres. Les seules difficultés sérieuses que j'ai rencontrées ont été soulevées par ces personnages. Au début, le Secrétaire d'État pour les Indes, du ministère britannique, a voulu m'empêcher de partir ; maintenant, arrivé à l'orée d'une région complètement inconnue, dont l'étude serait une révélation pour le monde géographique, le lieutenant de l'empereur de Chine au Tibet, un homme policé et relativement instruit, m'en interdit l'accès. Mais patience ! De même que je suis entré au Tibet malgré l'opposition du gouvernement anglais, je compte bien pénétrer plus tard dans les pays qui me sont interdits et prendre ma revanche des mandarins chinois qui me tiennent actuellement à leur discrétion.

Le même soir, les deux caravaniers qui sont allés porter mon courrier à Chigatsé sont de retour. La réponse du haut commissaire chinois est venue en quatorze jours de Lhassa, situé à environ 700 kilomètres de Tradoum. La poste au Tibet est donc relativement rapide.

Le village de Tradoum compte seulement quelques cassines et un petit couvent. Sa seule importance dérive de sa situation sur le *tasam*, la principale voie du Tibet.

Le chef de district, un fort brave homme, m'autorise à pousser une pointe dans le sud-ouest, vers le Kore-la, col du grand Himalaya, donnant accès dans le Népal.

Donc le 20 juin, je me mets en route avec deux guides indigènes. Le même soir, nous sommes au confluent du Tsatchou et du Brahmapoutre. Le premier n'est qu'un large torrent, sans profondeur ; combien plus imposant est le Brahmapoutre étalé sur une largeur de 110 mètres, avec des fonds de 1,75 m.

Le soir, très violent orage. Depuis mon départ de Ladak, c'est-à-dire depuis dix mois, c'est la première pluie que je vois tomber ; aujourd'hui, pour la première fois également depuis pareil temps, le thermomètre demeure au-dessus de zéro pendant la nuit.

Toute la journée du lendemain, je chemine sur d'immenses alpages dépourvus de pente, et, sans m'en apercevoir, j'arrive au Kore-la (4 661 m.). A droite et à gauche, des montagnes neigeuses, et, à travers cet énorme rempart, une brèche formée par un plateau herbu.

Le faîte du relief le plus saillant de la terre passe ici sur un large seuil complètement uni, au milieu duquel la ligne de partage des eaux demeure indistincte. Avançant vers le sud, j'arrive subitement sur le bord d'un gouffre créé par une profonde vallée taillée dans l'épaisseur du plateau ; par cette cavité, les eaux du versant méridional du col convergent vers le Kali Gandak, affluent du Gange. Entre le Brahmapoutre et le sommet du Kore-la, la différence de niveau est seulement de 96 mètres. Une simple tranchée ouverte dans cette haute plaine et le grand fleuve tibétain irait se déverser dans le Gange.

Ce passage est fréquenté par des caravanes qui importent du sel au Népal.

Descendant le versant méridional de l'Himalaya, j'arrive bientôt aux premiers villages népalais. Après tant de mois passés dans les neiges, la tiédeur de ce climat apporte une exquise sensation de bien-être et la luxuriante végétation qui encadre les habitations est un régal pour les yeux. Devant cette exubérance, on a l'impression de se sentir très loin des plateaux glacés du Tibet ; il suffit toutefois de regarder les constructions pour être rappelé de suite à la réalité. Ici temples et villages sont en tous points semblables à ceux de la vallée du Brahmapoutre, et partout les mêmes emblèmes religieux aux faîtes des maisons comme sur le bord des chemins.

Le soir, nous campons à l'altitude de 3 806 m., soit à 855 mètres en dessous du Kore-la. Ces nombres indiquent combien le versant méridional est rapide, en comparaison du versant septentrional.

Le 24, au soir, je rallie le gros de la caravane demeuré en territoire tibétain et poursuis ensuite vers le nord-ouest. Dans cette région, comme l'indique d'ailleurs la carte de Ryder, le Brahmapoutre s'épanche en un lac, large de 900 mètres, entouré de marais. Cette nappe n'est à vrai dire qu'une zone d'inondation ; sa profondeur ne dépasse pas, en effet, 0,74 m. Au milieu de ces eaux dormantes, apparaissent des îlots de sable, et, sur la rive nord, des dunes hautes de 8 mètres. Chaque année, la crue estivale entraîne vers l'aval une partie de ces sables, puis, lorsque les eaux baissent, de nouveaux dépôts se forment et de nouvelles dunes s'élèvent.

Le 7 juillet, je rejoignais à Chamsang la grande route de Lhassa à Leh.

Chapitre XIII

Découverte des sources du Brahmapoutre

Précédentes expéditions vers les sources du Brahmapoutre. Débits comparés des bassins composants du cours supérieur du fleuve. Le Koubi-tsangpo. Magnifiques paysages. Arrivée à la source principale du Brahmapoutre. Licenciement d'une partie de la caravane.

En tout pays, en matière de gouvernement et d'administration, il y a la manière forte et la manière douce. Après avoir subi la première, nous expérimentons maintenant la seconde. Comme son collègue de Tradoum, le chef du district de Chamsang me témoigne une bonne volonté sympathique. Sans se faire prier, il m'autorise à m'écarter de nouveau de la route qui m'a été imposée et me permet d'aller visiter les glaciers du Koubi-Gangri, d'où sort le Brahmapoutre. Je vais donc pouvoir fixer la position des sources du grand fleuve tibétain demeurée jusqu'ici indéterminée et remplir ainsi un des points principaux de mon exploration.

La région du Brahmapoutre supérieur a été visitée par trois expéditions, celles de Nain-Sing en 1865, de Thomas Webber en 1866 et de Rawling-Ryder en 1904. Le *pundit* Nain-Sing place l'origine du fleuve dans la haute chaîne située au sud du Marioum-la. Il vit de loin cette crête, mais ne poussa point jusqu'aux sources mêmes du Brahmapoutre. Webber, après avoir suivi une route au sud de celle de son prédécesseur, n'a guère éclairci la question. La carte jointe à sa relation porte dans le bassin supérieur du fleuve la légende : *Snowy ranges unexplored*. Son texte indique que la source se trouverait aux glaciers du Gourla. Or, cette montagne située à 100 kilomètres plus à l'ouest n'a rien à faire avec le Brahmapoutre. La mission Rawling- Ryder, partant également de Chamsang, traversa le Marioum-la, et fila au nord du Gountchou-tso pour atteindre le Manasarovar. Si, dans son rapport, Ryder semble considérer le Marioum-la comme la source du Brahmapoutre, une lettre reçue récemment de ce savant voyageur rectifie cette impression. J'ai toujours cru, m'écrit cet habile topographe, que le fleuve naît dans le grand massif neigeux situé au sud-ouest et dont j'ai porté les sommets sur ma carte.

Pour résoudre la question, il me fallait prendre une route au sud de celle de Rawling et de Ryder.

Pl. 32. Le chargement du canot pour traverser le Brahmapoutre supérieur.

Près de Chamsang, confluent les torrents dont la réunion forme le Brahmapoutre supérieur : le Koubi-tsangpo venant du sud-ouest, et le Tchema-youndoung issu de l'ouest et grossi, à une journée en amont, du Marioum-tchou, originaire du Marioum-la. Avant tout, il importe de reconnaître quel est le plus important de ces trois cours d'eau. Pour cela, le 8 juillet, je procède à des jaugeages. A sa jonction avec le Koubi-tsangpo, le Brahmapoutre, ou plutôt le Martsang-tsangpo, comme on l'appelle ici, a un débit de 44 mètres cubes à la seconde, tandis que le Tchema-youndoung, et le Marioum-tchou réunis n'ont que 10 mètres cubes à la seconde. Le Koubi-tsangpo est donc la branche principale du fleuve ; quand j'aurai découvert sa source, le problème de l'origine du grand fleuve tibétain sera résolu.

Le 9 juillet, avec trois Ladakis et trois Tibétains armés, je m'achemine vers la vallée supérieure du Koubi-tsangpo, pendant que la caravane sous le commandement de Gouffarou se dirige vers le Marioum-la.

Faisant route à l'ouest-sud-ouest, je coupe le Tchema-youndoung au-dessus du confluent du Marioum-tchou. Son débit n'est plus là que de 4 mètres cubes. Franchissant ensuite un petit col, j'atteins le Koubi-tsangpo. Ses eaux chargées de sédiments décèlent son origine glaciaire.

11 Juillet. —   La vallée offre un des plus magnifiques paysages de montagnes que j'ai contemplés. De tous côtés, un horizon de cimes grandioses. Entre le nord-ouest et le nord-est apparaissent des crêtes magnifiques du Transhimalaya, découpées par des vallons tributaires du Brahmapoutre, tandis qu'au sud jaillit un hérissement de pics couronné de neige et frangé de puissants glaciers. Dans cette direction culmine le Ngomo-dingding, un puissant relief, dont les nappes de glace fournissent un abondant contingent au Koubi-tsangpo. A l'ouest-sud-ouest, autour du Dongdong on distingue un glacier très étendu. Les cimes à droite de ce massif, où le Tchema-youndoung prend sa source pour se diriger ensuite vers Chamsang, portent le nom de Tchema-young-doung-pou. Dans le sud-est, par delà les montagnes les plus rapprochées, on devine la position du Nangsa-la, d'où sort le Giang-tchou.

... De tous côtés d'anciennes moraines, des lacs morainiques, des blocs erratiques et des dépôts de graviers.

12 Juillet. — Route au sud-ouest. Le Koubi-tsangpo divague au milieu d'alluvions torrentielles, entre des dépôts glaciaires et des sables.

Au coucher du soleil, les nuages accrochés aux flancs des cimes s'envolent en longs filaments laiteux, découvrant les magnifiques glaciers du Ngomo-dinding, encadrés de puissantes moraines. L'obscurité est déjà venue dans la vallée que longtemps encore entre le sud-ouest et le sud-est de hauts sommets demeurent illuminés ; tels des fragments d'un autre monde perdu dans les airs, qui seraient éclairés par un autre soleil.

Autour des sources du fleuve sacré sublime, en vérité, est le décor. Jusqu'ici, seuls, de primitifs pasteurs l'ont contemplé. C'est de ces magnifiques glaciers que sort le Brahmapoutre qui apporte la vie au Tibet, et, qui, après avoir scié le colossal rempart de l'Himalaya, s'en va arroser les fécondes plaines de l'Assam.

Le 13 juillet, je m'achemine vers la source même du fleuve. Le temps est radieux. Sur un ciel admirablement pur, l'idéale blancheur du Koubi-Gangri se détache en vigueur.

Devant nous s'élèvent de puissantes moraines, hautes de 150 mètres environ, produits d'un paroxysme passé dont les glaciers actuels ne sont que d'humbles vestiges. Ces énormes dépôts ont été découpés en profonds ravins par des ruisselets qui sourdent de tous côtés. En revanche, les blocs erratiques sont relativement rares et de petites dimensions ; le plus volumineux ne dépasse guère 8 mètres cubes. La partie centrale de la vallée est occupée par des terres noyées, couvertes d'une herbe drue, avec çà et là de petites nappes d'eau peuplées d'oies sauvages.

Brusquement, à un détour de la vallée, se découvre un magnifique glacier, issu d'un vaste bassin de névé et situé à l'ouest du massif de Mouktchoung-simo. Entre une moraine ancienne et la moraine frontale actuelle passe un large torrent, dont les eaux chargées de sédiments indiquent l'origine glaciaire. Un peu en aval de ce dernier rempart, il se mélange à de nombreux ruisseaux également bourbeux ; le plus gros vient du pied du superbe massif du Mouktchoung. A quelques centaines de mètres au delà du confluent, les eaux troubles du glacier se distinguent encore des eaux vertes venant de plus haut. La rivière coule ensuite au nord-est en nombreux méandres, puis, près du camp où nous avons passé la nuit dernière, reçoit un important tributaire sorti des glaciers situés plus à l'est. Tous ces torrents réunis forment le Koubi-tsangpo, la branche maîtresse du Brahmapoutre supérieur.

Pour avoir une vue d'ensemble, j'escalade l'ancienne moraine. De ce monticule se découvre une assemblée de pics noirs, droits et élancés comme des clochers de cathédrales gothiques, de sveltes pyramides, de crêtes fantastiques, et, au milieu de cette forêt de rochers, l'éblouissement des neiges vierges !

Tandis que les chevaux pâturent, je dessine cet incomparable panorama.

Face à mon observatoire, descend du Koubi-Gangri un grand glacier alimenté par trois cirques neigeux, sur lequel se détachent deux longues levées noires de moraines médianes. Plus bas, il devient si chargé de débris que la glace se trouve partout masquée. Au milieu de cette surface grise, des mares font de petites taches, les unes bleues, les autres jaunes. Des crevasses marginales situées plus en amont sont encore remplies de neige.

La porte du glacier d'où sort le torrent est située à l'altitude de 4 864 mètres. Cette cote est donc celle de la source principale du Brahmapoutre.

A pareille hauteur, les nuits sont froides. Le lendemain matin, 14 juillet, le thermomètre minima marque — 8°. Très rapidement la température s'élève ; à sept heures du matin, elle est déjà de + 7,8°.

Seulement le 15, je me décide à abandonner cette région si intéressante. En deux jours, je traverse trois cols pour atteindre le Tchema-youndoung supérieur, originaire d'un vaste glacier appartenant au massif du Tchema-young-doung-pou.

Pas très dispendieuses, les excursions au Tibet. La visite aux sources du Brahmapoutre m'a coûté en tout 110 roupies, soit 183 francs !

Poursuivant ma course vers l'ouest, j'arrive le 19 à un col peu marqué (5 298 mètres), le Tamloung-la ou Tag-la, ouvert à l'extrémité supérieure d'une longue vallée longitudinale. Ce seuil a une importance géographique particulière en raison de sa situation sur la ligne de partage des eaux du bassin du Brahmapoutre et du Manasarovar. Du sommet de ce passage encombré de débris morainiques, se découvre dans l'ouest-sud-ouest le superbe massif du Gourla-Mandata, appartenant, comme le Koubi-Gangri, à la chaîne de l'Himalaya. Les cartes les plus récentes du Tibet occidental donnent une représentation très inexacte de cette région.

Au Tamloung-la, je quitte définitivement le bassin du Brahmapoutre où je viens de passer six mois féconds et de là m'achemine vers le Manasarovar, le lac fameux du Tibet occidental.

Le 21, ma petite caravane descend la vallée du Tage-tsangpo, affluent du Manasarovar, qui, comme je le démontrerai dans le chapitre suivant, doit être considéré comme la source du Satledj.

Le paysage emprunte un caractère particulier à l'abondance des dépôts glaciaires. En même temps, dans ces parages, l'homme reparaît. Voici des campements de nomades, puis une caravane venant du Ladak.

Encore un jour de marche et le Kailas ou Kang-rimpotché, la montagne sainte des bords du Manasarovar, devient visible. Aussitôt tous mes compagnons sautent à bas de leurs chevaux et se prosternent en touchant la terre du front. De là je gagne Toktchen où m'attend mon convoi.

Dans cette région, une grosse caravane serait gênante ; au contraire, une petite troupe passera facilement à travers les mailles du réseau de surveillants dont m'entourent les fonctionnaires tibétains ; aussi bien, je prends le parti de licencier treize de mes gens et de n'en garder que douze. Sous le commandement de Gouffarou, les Ladakis dont je me sépare conduiront à Gartok les bagages dont je n'ai plus besoin et les remettront, ainsi que mon courrier, entre les mains de l'agent britannique de cette localité et rentreront ensuite dans leur pays.

Après avoir annoncé aux caravaniers ma résolution, je prie ceux qui veulent rentrer chez eux de sortir des rangs. Personne ne bouge ; tous se déclarent prêts à me suivre jusqu'au bout du monde, si bien que je dois désigner moi-même les partants. En fait de bagages, je ne garde que quatre cantines. Si mon convoi se trouve singulièrement allégé, ma caisse ne l'est pas moins. Dans la journée, Robert compte aux caravaniers licenciés pas moins de 3 537 francs, représentant les gages de leurs bons et loyaux services.

CHAPITRE XIV

LE LAC SACRÉ DE MANASAROVAR

Observations limnologiques. En perdition. Les couvents des bords du Manasarovar. Le panorama du Gossoul-goumpa. Intéressant problème d'hydrologie. Relations entre le Manasarovar et le Rakas-tal. Le Rakas-tal ou Langak-tso. Les sources du Satledj. Nouvel exemple de dessèchement.

Le 26 juillet, tandis que Gouffarou et ses compagnons se mettent en route pour Gartok, j'achemine vers le Manasarovar, sans être importuné par le chef du district.

Voyant les bagages filer sur Gartok, ce Tibétain suppose que je rejoindrai le convoi un peu plus loin et que la caravane rentrera directement dans le Ladak, comme le prescrit mon passeport. Une rapide escalade au sud-ouest de la vallée de Toktchen m'amène en vue d'une immense plaine bleue. C'est le Manasarovar, le lac sacré par excellence, que des millions d'hommes vénèrent et que depuis la plus haute antiquité célèbrent des chants religieux. Au-dessus de cette nappe resplendissante de lumière, enveloppée de la poésie de la légende, se dresse la montagne sainte de Kailas, le siège du paradis de Siva, visitée chaque année par des milliers et des milliers de pèlerins.

Pl. 34. Pèlerines tibétaines.

Par une coïncidence très remarquable, lac et montagne sont vénérés par les Hindous comme par les Tibétains, par les Bouddhistes comme par les Lamaïstes. La sainteté du lieu est d'ailleurs indiquée par l'existence de huit couvents que les pèlerins visitent successivement en faisant le tour du lac.

Mes intentions, en me dirigeant vers le Manasarovar, sont complètement profanes. Je voudrais tout simplement dresser la carte bathymétrique de ce magnifique bassin, et étudier ses relations avec son voisin occidental, le Rakas-tal ou Langak-tso. Ce dernier problème présente d'autant plus d'intérêt que les rares voyageurs qui ont parcouru cette région en ont donné une solution différente.

Le Manasarovar dessine un ovale à peu près régulier, de 25 kilomètres de diamètre, entre deux grandioses montagnes neigeuses : au nord, le Kailas ; au sud, le Gourla Mandatta.

Au début de mon séjour sur les bords du lac, la violence du vent interdit toute navigation. Comme je ne puis perdre mon temps en vaine attente, je prends le parti de profiter de l'accalmie qui règne la nuit pour aller exécuter des lignes de sondage. Donc, le 27 juillet, je m'embarque dans mon canot démontable avec deux caravaniers. Pas une étoile, nulle apparence de côte dans aucune direction, il fait noir comme dans un four ; seulement au sud de lointains éclairs traversent cette obscurité. Mes deux compagnons ne sont pas précisément rassurés. D'ailleurs, pensent-ils, nous n'irons pas loin. Dès que la barque aura quitté la côte, furieux de la violation de leur asile, les dieux la ramèneront promptement au rivage. En tout cas, pour nous guider, un feu est allumé sur la plage.

Après vingt minutes de nage, je sonde. Résultat : 41 mètres ; ensuite 43 mètres, 55,9, 57,7, 58,5, enfin 64,8, puis 62, 61, 55, 56, 55, 58. Il semble que nous ayons franchi la cuvette la plus profonde.

... L'air est tiède. A onze heures du soir, le thermomètre s'élève encore à + 8,3°. Entre temps, l'orage s'est étendu, le ciel est maintenant tout en feu. Sur la lueur d'éclairs éblouissants la masse du Gourla-Mandatta se détache comme en plein jour.

... Les heures s'écoulent lentes dans le silence de cette nuit magnifique

Bientôt à l'est l'horizon blanchit ; peu à peu la lueur grandit, et de ce côté le lac devient bleu, tandis que, ailleurs, il verdit. En même temps, les oies sauvages s'assemblent en poussant de longs cris discordants. C'est l'éveil du jour et de la vie.

... Six heures du matin. Les rameurs tombent de sommeil et le rivage est toujours aussi loin.

Dans ces parages, la profondeur augmente, 62, 65, 75 mètres, enfin 79 mètres. Seulement, à trois heures de l'après-midi, nous abordons. Depuis dix-huit heures, nous sommes en route !

Je parcourus ensuite en tous sens cette nappe magnifique, afin de déterminer la position et le débit de tous ses tributaires et de pouvoir ainsi fixer avec précision la quantité d'eau qu'elle reçoit. Le résultat de ces jaugeages m'a permis d'évaluer les apports de tous les affluents du lac à 31 mètres cubes par seconde, soit à 2 678 400 mètres cubes par vingt-quatre heures, volume représenté par un cube de 139 mètres de côté. Et ce ne sont que les apports superficiels. Par infiltration et par des résurgences lacustres le bassin reçoit une masse d'eau bien plus considérable.

Au cours d'une de mes navigations, les dieux du Manasarovar voulurent me punir d'avoir violé leur demeure et déchaînèrent sur moi une terrible tempête au moment où le canot se trouvait au beau milieu du lac.

Au plus vite, il faut gagner la côte la plus proche qui est située dans le sud-ouest. Pour cela nous devons commencer par virer. Par ce gros temps et avec une embarcation aussi peu stable que la nôtre, la manœuvre n'est pas facile. Seulement à la troisième reprise et après avoir reçu un véritable déluge, elle réussit. Sans relâche, j'écope d'une main, tandis que de l'autre, je tiens la barre. Vains efforts ! A mesure que je vide la barque, elle se remplit de nouveau. Des heures, la lutte se poursuit acharnée, une vraie lutte pour la vie, car, si l'eau gagne, nous serons engloutis. Nous trouverons alors la mort dans un lac sacré, mais ce n'est pas là une consolation.

Sur les vagues, hautes comme celles de la Baltique par gros temps, un vapeur roulerait et tanguerait. Aussi à quelle sarabande se livre notre bachot ! Tantôt il s'enfonce dans une profonde vallée , entre deux lames menaçantes, tantôt il s'enlève sur une crête, comme un cheval qui va sauter un obstacle, pour descendre ensuite dans un gouffre vertigineux. Tantôt les vagues se dressent droites, hérissées de pointes et de dômes, comme les montagnes de la côte, tantôt elles roulent en transparentes volutes d'écume diaprées d'émeraude. Juste au moment le plus critique, une rame casse ; heureusement mes canotiers sont agiles ; avant l'arrivée d'une nouvelle lame, ils saisissent un aviron de rechange et l'accident n'a d'autre conséquence qu'une nouvelle douche.

... Enfin, après un rude combat, le couvent de Gossoul, vers lequel nous gouvernons, n'est plus loin. A l'approche de la côte, les vagues deviennent très mauvaises ; les divinités du lac semblent faire une tentative suprême pour nous entraîner au fond des eaux. Un dernier effort désespéré et la victoire nous reste. La lutte contre la tempête avait duré cinq longs quarts d'heure.

Dès que nous avons touché la rive, deux lamas et trois novices du Gossoul-goumpa se précipitent au-devant de nous et très obligeamment nous offrent l'hospitalité au couvent. Préférant passer la nuit en plein air, je les remercie et les prie de nous donner simplement du bois et des vivres. Ces excellents moines sont tout effrayés des dangers que nous avons courus. Avec anxiété, ils ont suivi notre lutte et n'en reviennent pas que nous ayons réussi à échapper à la noyade.

Le couvent ne renferme que trois moines et quatre clercs de sept à onze ans. Tous les trois ans, ces lamas sont relevés par d'autres du monastère de Chibelling, à Pourang, dont dépend cet établissement religieux. Le temple du monastère se distingue des autres édifices du même genre, en ce qu'il est éclairé, non pas par une ouverture dans le toit, comme d'habitude, mais par trois fenêtres ouvrant sur le lac et fermées en guise de vitres, par du papier. L'intérieur, rempli de quatre rangs de bannières et de drapeaux suspendus aux colonnes, semble un musée de trophées militaires. Au milieu, s'élève un Bouddha en bronze doré, encadré d'autres divinités, avec tout le bric-à-brac habituel de soucoupes, de tambours, de lampes.

Ce couvent renferme en outre un petit oratoire contenant une image de Sakia Munni, entourée de quarante petites écuelles en argent remplies d'eau. Sur un plat également en argent sont déposées des plumes de paon avec lesquelles les lamas humectent les lèvres de la divinité, en chantant des cantiques. Dans cette chapelle, deux moines officient la nuit, assis sur un canapé et entourés de coussins qui leur font un nid bien chaud.

Généralement, le Manasarovar se couvre de glace en janvier, me racontent les religieux. Quand le temps est calme et le froid rigoureux, la congélation s'opère en un jour. En vingt-quatre heures également la débâcle est complète, si une grosse tempête vient à souffler. Un lama, âgé de trente-cinq ans, me raconte que, dans son enfance, le Manasarovar s'écoulait dans le Rakastal par un torrent si gros qu'un cavalier ne pouvait le franchir. Depuis neuf ans, cet émissaire ne fonctionne plus. D'après les renseignements que me donnent les moines, le niveau du lac était, l'automne dernier, de 0,57 m. plus élevé qu'aujourd'hui et de 3,15 m., il y a douze ans. A cette dernière date, les eaux atteignaient un gros rocher que les lamas me montrent. Un abaissement de niveau aussi accusé dans un laps de temps aussi court me paraît peu vraisemblable. Le seul point hors de doute, c'est une régression progressive des eaux. Afin de fournir aux futurs voyageurs un point de repère certain pour l'étude de cette intéressante question, le 8 août 1907, je mesure par un nivellement la hauteur du seuil de la porte du monastère au-dessus du lac. Le résultat de l'opération indique une différence de niveau de 37 mètres.

Après cela, je grimpe sur la terrasse qui forme le toit du couvent. En sortant de l'obscurité des temples, je demeure ébloui. Enveloppé d'un éclairage de rêve, le lac bleu, ceinturé de cimes neigeuses, semble un coin de ciel ourlé de nuages blancs. Du haut de mon observatoire, j'ai l'impression d'être perdu dans les airs, de flotter au-dessus de la terre, dans le domaine de l'irréel. Centre de la protubérance de la vieille Asie où des monts géants engendrent quatre des fleuves les plus célèbres de la terre, le Brahmapoutre, l'Indus, le Satledj et le Gange, ombilic sacré au milieu d'un monde de cimes vénérées, tel est le Manasarovar, la perle des lacs. Depuis les temps légendaires du livre des Veddas, des millions de pieux Hindous viennent s'abreuver à ses eaux et y chercher la paix de l'âme.

Du couvent de Gossoul, je me dirige à travers le lac vers celui de Tougou, situé dans le sud-est. Sur la nouvelle ligne de sondages que je trace, en suivant cette direction, le plus grand fond est de 76 mètres.

Pl. 33. Tonte des moutons au couvent de Tougou sur les bords du Manasarovar.

Deux jours après, le 11 août, je vais étudier la rive méridionale du Manasarovar, du côté du Gourla Mandata. Dans cette région, très spécial est le régime des affluents du lac. Entre les montagnes et le bord de la cuvette, une couche d'argile s'étendant à une faible profondeur au-dessus des sables superficiels, une partie des eaux descendues des cimes s'écoulent souterrainement pour reparaître dans le Manasarovar sous forme de sources. Par suite, le débit des torrents diminue, à mesure que l'on se rapproche de leur embouchure. Ainsi l'un d'eux, alors qu'il roule seulement 1,07 m^3 à son entrée dans le lac, possède en amont un volume double. Ces eaux provenant de la fusion des glaciers, les sources lacustres du Manasarovar ont une température relativement basse (+ 3,4°).

Sur la rive occidentale, s'observe la même disposition stratigraphique. En creusant le sol à une dizaine de mètres de la berge, on rencontre successivement, en dessous de la nappe de sable, une strate de végétaux décomposés, puis de nouveau du sable sur une épaisseur de 0,5 m., enfin de l'argile. A ce niveau, situé à 0,62 m. de profondeur, l'eau sourd lentement. Si, comme cela est probable, cette couche d'argile s'étend à travers l'isthme étroit séparant le Manasarovar du Rakas-tal ou Langak-tso, il est clair qu'à sa surface l'eau du premier de ces bassins s'écoule vers le second, à travers les sables et les cailloux roulés superficiels. J'ajouterai que le point le plus élevé de l'isthme entre les deux nappes se trouve à 285 mètres au-dessus du niveau du Manasarovar. A partir de ce faible renflement de terrain, une vallée buissonneuse s'ouvre vers le Rakastal, qui, dans cette région, est bordée de *strandlinie* remarquablement nettes. La plus haute de ces terrasses se trouve à 20,7 m. au-dessus de la surface du lac.

Lorsque les eaux de Rakastal atteignaient ce niveau, elles se déversaient dans le Satledj. L'ancien lit desséché de l'émissaire est encore très nettement tracé à l'extrémité nord-ouest du bassin.

Après cette excursion, je retourne au Manasarovar et vais m'installer au Tchiou-goumpa, couvent occupé par quinze moines et bâti à l'extrémité nord–ouest du lac. Près de là se trouvent des sources chaudes ; deux ont une température variant de 47° à 50° ; la troisième dépasse 65°. Celle de 47°, captée dans un bassin primitif, est employée pour le traitement de diverses maladies ; seuls des Tibétains à la peau tannée par les intempéries peuvent se baigner dans une eau aussi chaude.

Jusqu'au 22 août, je poursuis l'exploration du Manasarovar.

Le 20, j'exécute des sondages thermométriques. Tandis que la couche superficielle possède une température constante de 13,4°, celle du fond, à une profondeur de 47 mètres, ne dépasse pas 7,8°.

Mon séjour prolongé sur les bords du lac sacré éveillait au plus haut point la défiance des fonctionnaires tibétains. Très fréquemment, ils expédiaient des cavaliers à ma recherche pour les renseigner sur mes faits et gestes et pour m'inviter à reprendre le chemin du Ladak. Mais jamais ces émissaires ne parvenaient à me joindre ; toujours, lorsqu'ils arrivaient, j'étais absent et ils ne trouvaient au camp que mes caravaniers qui leur répondaient invariablement : Notre Sahib est sur le lac ; tâchez de l'attraper si vous pouvez ; il est l'ami des dieux et peut rester sur l'eau autant qu'il lui plaît.

Les Tibétains voulaient surtout m'empêcher de visiter le Langak-tso. Pour parvenir à mes fins, j'eus recours à la ruse. J'envoyais à Parka le gros des bagages avec cinq de mes gens, les chargeant d'annoncer ma prochaine arrivée, tandis qu'avec six autres je me dirigeai vers le lac interdit.

Le problème de la communication entre le Manasarovar et le Langak-tso ou Rakas-tal se rattache à la question si intéressante du desséchement de l'Asie centrale. D'après le lever de précision que j'ai exécuté, ces deux lacs ne sont séparés que par un isthme large de 9.365 mètres et seulement par une différence de niveau de 13,4 m. A une époque antérieure, les deux bassins communiquaient, et, du plus occidental les eaux se rendaient au Satledj. Aujourd'hui, ces conditions hydrologiques sont complètement modifiées.

Le Manasarovar et le Rakas-tal ne possèdent plus de communication superficielle. Si l'on consulte les anciens récits des voyages, on voit qu'en 1812 l'émissaire du Manasarovar vers le Rakas-tal était déjà à sec. En 1846, au contraire, c'était un torrent large de 30 mètres environ et profond de 0,90 m. En revanche, en 1904, pas le moindre filet d'eau ne sortait du Manasarovar, non plus qu'en 1907 et en 1908. Or, à cette dernière date, je visitai le lac en pleine saison des pluies. Les témoignages indigènes s'accordent pour affirmer que depuis quatre ans, l'émissaire n'a pas fonctionné, alors qu'il y a douze ans, il formait un gros torrent qui ne pouvait être gué. Dans mon opinion, cette intermittence est en relation avec les précipitations atmosphériques ; les pluies sont-elles copieuses, le niveau du Manasarovar s'élève et le trop-plein de ce lac se déverse dans le Langak-tso. Sont-elles, au contraire, peu abondantes, l'écoulement s'arrête, comme ce fut le cas en 1907.

Le 26 août, bien que le vent souffle en tempête, j'entreprends une excursion sur le Rakas-tal. La plus grande profondeur sondée ne dépasse pas 16,6 m. ; cette cuvette est d'ailleurs presque horizontale.

Après cela, pendant plusieurs jours, le vent fait rage. Ne pouvant par suite entreprendre une longue navigation, je contourne le lac par l'ouest et gagne le village de Parka. Les fonctionnaires m'invitent aussitôt à poursuivre rapidement vers le Ladak. Je suis tout disposé à déférer à leur désir, à la condition de pouvoir m'arrêter trois jours à Khaleb, à une demi-journée de marche à l'ouest. J'ai mon idée ; une fois que les Tibétains me croiront parti pour le Ladak, j'entreprendrai une série d'excursions dans le territoire où ils ne veulent pas me laisser pénétrer.

Le 2 septembre, je me mets en route, accompagné d'un *gova*, chargé de surveiller mes faits et gestes. Avec cet excellent homme, jovial, je n'ai à craindre aucune entrave à mes projets.

Le 6 septembre, je vais examiner l'ancien lit du Satledj. Au point d'où je le croise, il est occupé par des flaques d'eau stagnantes. Plus à l'ouest, ce sont d'autres mares et des marais, également sans écoulement visible. Poursuivant dans la même direction, je trouve un chenal creusé dans la roche en place. A cet endroit, plusieurs sources engendrent un ruisseau coulant vers le nord-ouest.

A une journée de marche à l'ouest de l'ancien lit, près du couvent de Deultchou, se trouvent d'autres sources plus abondantes que les indigènes considèrent comme l'origine du Satledj. A mon avis, ce sont des résurgences provenant du Langak-tso.

D'après toutes les observations et tous les témoignages que j'ai réunis, le Manasarovar et le Langak-tso ne sont pas des bassins fermés, comme le fait supposer l'absence d'émissaires. Quelque intense que soit l'évaporation, elle ne peut absorber les 31 mètres cubes que reçoit à la seconde le Manasarovar ; par suite, comme le niveau de cette nappe ne s'élève pas, c'est que ses eaux s'écoulent souterrainement vers le Langak-tso, ainsi que d'ailleurs le fait prévoir la constitution géologique de l'isthme entre les deux lacs. Le Langak-tso n'est pas, aujourd'hui non plus, un bassin fermé. Si le Satledj n'en sort pas à ciel ouvert, il n'en est pas moins alimenté par cette nappe ; les sources situées dans l'ancien lit du fleuve et dont le nombre et le débit augmentent à mesure que l'on avance vers l'aval sont des résurgences du lac. Pour toutes ces raisons, je considère le Tagé-tsangpo, le principal affluent du Manasarovar, comme la branche originaire du Satledj et le glacier de Gangloung, d'où sort ce torrent, comme la source de cet affluent de l'Indus.

Sur cette question, le professeur Ogava, de l'université de Kyoto, m'a fourni un texte très intéressant, contenu dans une géographie chinoise du Tibet datant de 1726. La partie de cet ouvrage intitulée Choui-tao-ti-Kiang (Esquisse hydrographique), renferme une description très exacte et très minutieuse des lacs en question et de leurs affluents et effluents. On y voit qu'à cette date, les émissaires du Manasarovar et du Langak-tso fonctionnaient. En même temps, à cette époque, le Gountchou-tso, lac situé dans le bassin supérieur du Tage-tsangpo, se déversait dans cette rivière.

Aujourd'hui, cette dernière nappe est dépourvue de tout effluent, soit superficiel, soit souterrain, tandis que le restant du cours supérieur du Satledj, à partir du Manasarovar n'a plus d'écoulement à ciel ouvert. La régression des eaux a donc eu ici ce résultat très remarquable de décapiter un puissant fleuve de sa partie supérieure. On remarquera que la carte de d'Anville établie d'après des renseignements fournis par les jésuites et datant du début du XVIIIe siècle, donne une représentation très exacte de cet ancien système hydrographique.

En 1846, lors du voyage d'Henry Strachey, le Langak-tso ne possédait plus d'émissaire superficiel. Par contre, vers 1863, de temps à autre, un faible écoulement se produisait, me raconta le supérieur du couvent de Deultchou ; depuis, il a complètement cessé.

Ces variations dans le niveau des lacs et des fleuves du Tibet sont en relation avec l'abondance des précipitations atmosphériques et ont un caractère périodique dans le genre des cycles de Bruckner. Actuellement, le Manasarovar et le Langak-tso sont très bas, mais il peut très bien arriver que ces nappes se gonflent progressivement, par suite qu'un jour à venir le premier se déverse dans le second, et que ce dernier à son tour remplisse le lit aujourd'hui à sec du Satledj. L'éventualité la plus probable, à mon avis, est l'exagération du cycle actuel de sécheresse. Suivant toute vraisemblance dans un avenir prochain, le Langak-tso perdra son écoulement souterrain et deviendra un bassin fermé et amer ; puis à son tour, le Manasarovar subira les mêmes vicissitudes.

Après cette longue et patiente étude hydrologique, je m'achemine vers le nord-est pour faire le tour de la montagne sainte de Kailas ou de Kang-rimpotché. Je prends avec moi quatre hommes, des provisions pour trois jours, et un léger équipement. Effrayé par mes préparatifs de départ, le fonctionnaire chargé de ma surveillance me demande anxieusement mes intentions. Je reviens dans un instant, lui répondis-je, et, je file en tapinois avec deux de mes gens, tandis que les autres partis en avant m'attendent, dissimulés derrière un monticule. Mes compagnons sont ravis d'entreprendre cette excursion ; lamaïstes, ils se réjouissent de pouvoir faire le tour de la montagne sainte et de gagner de nombreuses indulgences par ce pèlerinage.

... Le paysage est magnifique. De chaque côté de la vallée, les montagnes s'élèvent en escarpements vertigineux, étagés en terrasses, hérissés de tours, de clochetons, qui semblent construits de main d'homme, tant ils sont réguliers. Sur une plate-forme, adossée à ces falaises, apparaît le couvent de Niandi ; plus haut, on distingue un ermitage, puis au sommet de la montagne un mât de pavillon. Il y a cinq ans, à la suite de pluies prolongées, un pan de rocher s'est écroulé sur le monastère et en a détruit la moitié. Ce couvent, de même que les trois autres autour du Kailas, dépend de celui de Tartchen, situé au pied de la montagne sainte, au point où commence la voie sacrée. Tous ces pieux établissements sont placés sous l'autorité du rajah du Boutan.

Pl. 35b. Le Kailas et le temple du monastère de Niandi.

Le temple du couvent de Niandi est très curieux. L'autel, un kiosque chinois en bois bariolé de couleurs éclatantes, est enveloppé d'une épaisse ombre mystérieuse, alors que sa façade, couverte de lampes, resplendit de lumière. Devant est placée une énorme marmite en cuivre, fermée par un couvercle, qui, rapporte la légende, serait arrivée des Indes transportée à travers les airs. L'hiver, elle est remplie de beurre et l'été de « tchang » que les pèlerins absorbent avec une profonde dévotion.

Au delà de ce monastère, le paysage devient de plus en plus grandiose. A chaque coude de la vallée, je m'arrête, saisi d'admiration devant la majesté du site. De chaque côté, des falaises vertigineuses, surmontées de cimes affectant les formes les plus étranges, et, au milieu de ces à-pic gigantesques, des cascades ondulant comme des écharpes de gaze blanche au flanc des montagnes noires.

Pl. 36. La vallée de Niandi au pied du Kailas.

De temps à autre, nous croisons des troupes de pèlerins. Tout en marchant, ils ne cessent de marmotter des prières. Heureuses gens ! Les voici au comble de leurs vœux. Dans leur ferveur religieuse, ils ne sentent même pas la fatigue de cette longue et pénible étape : chaque pas qu'ils font autour de la montagne sainte, que de béatitudes ne leur assure-t-il pas dans l'autre monde ?

... Des monticules de pierres élevés par la piété des voyageurs jalonnent la route. Devant tous ces ex-voto, mes caravaniers lamaïstes s'arrêtent et pieusement ajoutent, eux aussi, un caillou au monceau déjà formé.

Le soir, campé près du couvent de Diri-pon. Tous les pèlerins rencontrés dans la journée y passent la nuit sans bourse délier.

De là, sous la conduite d'un vieillard qui en est à son neuvième circuit de la montagne sainte, nous nous acheminons vers le Dolma-la, un col très difficile qui nous amène sur le versant oriental du Kailas. Sur les premières pentes, c'est un hérissement de monticules votifs, de pyramides de cailloux amoncelés à une hauteur de plusieurs mètres : on dirait une immense nécropole. Un peu plus loin, voici une pierre d'épreuve. Entre un énorme bloc de granite et le sol sur lequel il repose se trouve au ras de terre une étroite ouverture. Quiconque peut ramper à travers ce trou est considéré comme ayant la conscience tranquille, tandis que celui qui ne peut le traverser passe pour un coquin. Ayant fait observer au guide qu'à mon avis le résultat de l'épreuve dépend surtout de la corpulence de celui qui s'y soumet, le bonhomme hoche la tête d'un air de doute. Non, dans son opinion, la taille de l'individu ne fait rien à l'affaire, le succès de l'entreprise dépend uniquement de la moralité de l'individu.

Après cela, c'est un chaos d'autres blocs monstrueux : on a l'impression de circuler dans les rues d'une ville morte.

... Cette excursion autour du Kailas m'a laissé des souvenirs ineffaçables. Le paysage est merveilleux et la montagne sainte revêt des formes admirables. Que l'on se représente une énorme pyramide d'une élégance parfaite, cimée de neige et frangée de glace ; quelque chose comme un *tchorten* gigantesque. Cette ressemblance avec les édifices religieux est sans aucun doute le motif pour lequel les Tibétains attribuent à cette cime un caractère sacré.

... Plus haut, nous apercevons deux pèlerins en train de se livrer à la plus extravagante acrobatie. Ce sont deux jeunes lamas qui dans leur ferveur accomplissent le tour de la montagne en rampant. De tout leur long, ils s'étendent sur le sol, tracent une marque sur le sol, puis se relèvent. Joignant ensuite les mains, ils marmottent une prière, font quelques pas et recommencent le même manège. Vingt jours, paraît-il, sont nécessaires pour exécuter le circuit du Kailas dans ces conditions. Ces deux lamas viennent du pays de Kham, à l'est de Lhassa. Leurs dévotions terminées, l'un d'eux estimant que les mortifications auxquelles il s'est livré ne sont pas suffisantes pour lui assurer le paradis, se propose de terminer ses jours, emmuré dans une grotte voisine de quelque monastère, où il s'absorbera dans la prière et dans la contemplation. Cette pratique est assez fréquente au Tibet, et, autour de plusieurs couvents, j'ai visité des cavités de rochers où des moines étaient enfermés, sans autre communication avec le monde extérieur qu'un étroit judas par lequel on leur faisait passer leur nourriture. Ne jamais voir un humain, ne jamais entendre une voix, vivre dans la plus grande obscurité et cela pendant des années, rien que de songer à ces malheureux, j'éprouve un frisson de terreur. Mais, pour ces fanatiques, qu'importe une vie éphémère passée dans la nuit d'une cave en comparaison des splendeurs radieuses de l'éternité !

... Encore une rude montée et nous voici au sommet du col, ouvert à l'invraisemblable altitude de 5 669 mètres. Le seuil est marqué par un bloc gigantesque de 200 à 300 mètres cubes. Ce quartier de roche porte un monticule de cailloux surmonté d'une perche garnie de guenilles, et couvert d'ex-voto capillaires. Arrivé au haut de ce seuil, tout pèlerin arrache quelques poils de sa tignasse et les colle au rocher au moyen d'un morceau de beurre en guise de ciment. Les fentes de la pierre sont également garnies de dents que les fidèles se sont enlevées pour les offrir aux dieux de la montagne. Quiconque a un chicot branlant ne manque jamais de le faire sauter en parvenant au sommet du col.

Pendant que j'examine ces témoignages de foi naïve, arrive un lama portant dans un panier un enfant à l'air souffreteux. Ce pauvre petit être lui a été confié par ses parents, des nomades de la vallée, dans l'espérance qu'après avoir accompli le tour de la montagne sainte, il recouvrera la santé.

... La journée avance et rapidement nous dévalons pour aller passer la nuit au couvent de Tsoumtoul-pou.

Le lendemain, nous fermons le circuit sacré et rejoignons notre camp de Khaleb.

De la haute vallée de l'Indus, je ne suis séparé que par une chaîne de montagnes. La position des sources du grand fleuve est restée jusqu'ici indéterminée, aussi je ne puis résister à la tentation. Lorsque je fais part de ce nouveau projet à mon surveillant, il commence par se récrier et me menace des foudres du chef de la province, mais nous finissons par nous entendre. Il est convenu que la caravane s'acheminera à petites étapes vers Gartok et que pendant ce temps, avec cinq hommes, je pousserai une pointe rapide vers l'Indus.

Nous commençons par franchir de nouveau le fameux Transhimalaya. Deux cols d'une hauteur formidable, l'un de 5 628 mètres, l'autre de 5 466 mètres ; au delà voici l'Indus. Quelle énorme altitude atteint ce pays, la hauteur de notre bivouac en est la preuve. Dans la vallée, sur les bords du fleuve naissant, le baromètre marque 5 079 mètres !

Poursuivant notre route, nous arrivons le 10 septembre à un groupe de sources, dont les apports forment l'Indus supérieur. Sur les rochers voisins des ex-voto ont été dressés par la pitié des fidèles. Dans leurs idées, ce petit ravin où naît un des plus grands fleuves de l'Asie est un lieu sacré.

Jusqu'ici aucun voyageur n'a visité cette localité intéressante. Le *pundit* qui s'en est le plus rapproché en est resté éloigné de 50 kilomètres ; par suite on plaçait les sources de l'Indus sur les flancs du Kailas, alors qu'elles se trouvent sur le versant septentrional du Transhimalaya.

Après cette importante découverte, je pousse une longue pointe vers le nord-est à travers les territoires inconnus de Youmba-Matsen. Seulement, lorsque j'ai tracé un itinéraire au milieu de cette tache blanche de la carte, je me rabats sur Gartok, la capitale du Tibet occidental, où m'attend le gros de ma caravane.

Pl. 37. Danse de pèlerines au monastère de Tchouchoul.

Pl. 39. Jeunes Tibétaines de Tchouchoul.

Chapitre XV

Seconde campagne

Nouveaux projets et nouvelle caravane. Une étape dans une rivière. La vallée du Cheyok. Caravanes en détresse. Aux approches du col de Karakoram. Grave mécompte. A la recherche d'une voie d'accès sur le plateau.

Après seize mois d'exploration, me voici revenu près des frontières du Ladak, non loin de mon point de départ.

Je n'ai pas lieu d'être mécontent des résultats de ce long voyage ; parmi les découvertes les plus importantes que je rapporte se place en première ligne celle du Transhimalaya. En cinq points différents, j'ai recoupé ce puissant relief ; mais, entre l'Angden-la, situé au sud du Dangratso et le Tseti-la, traversé pour atteindre les sources de l'Indus, son tracé demeure mystérieux. Sur une distance de 500 kilomètres environ, cette grande chaîne est complètement inconnue ; on sait seulement qu'elle renferme de hauts sommets qui ont été visés par Ryder. Il existe là un immense blanc dont la surface n'est pas inférieure à 120 000 kilomètres carrés, et combien intéressant ! A travers ce territoire passe la ligne de partage entre les eaux tributaires de l'Océan indien et les bassins fermés du Tibet central et combien de lacs et de rivières inconnus ne contient-il pas ? Aussi bien ma résolution est prise ; j'entreprendrai une nouvelle campagne pour essayer de fixer les traits principaux de cette terre vierge. Le gros point noir, c'est l'attitude des autorités tibétaines. Très certainement leur intransigeance va me créer de sérieuses difficultés ; peut-être même entraînera-t-elle l'échec de mon projet ?

A Gartok, j'ai la bonne fortune de rencontrer Goulam Razoul, un opulent négociant de Leh, qui m'est tout dévoué. De suite, avec le plus grand zèle, il essaie d'amener le *garpoun*[15] à ne pas s'opposer à mon entrée dans les régions interdites. Cette espèce de vice-roi du Tibet occidental doit à Razoul 7 000 roupies, plus de 11 690 francs. La situation est donc favorable. Mais devant nos propositions insidieuses, le Tibétain se rebiffe.

— Cette maison serait-elle en or, et me l'offririez-vous, que je la refuserais, s'écrie-t-il dans une attitude de mélodrame. Et, si, malgré ma défense, vous osez pénétrer dans les territoires interdits, immédiatement je lance des cavaliers à vos trousses.

Après cette tentative, ma seule ressource est de dépister les Tibétains. Je feindrai de rentrer au Ladak, et de me diriger ensuite vers Khotan ; une fois au pied du Karakoram, j'obliquerai vers l'est et le sud-est, puis, traversant de nouveau le nord-ouest du Tibet, je filerai au sud vers le blanc de la carte que je me propose de remplir. C'est un détour énorme, un voyage de six mois dans des conditions très dures, alors que d'ici, en trente jours, il serait facile d'atteindre la région qui est mon objectif. Mais à cela rien à faire. Je dois subir les volontés de ces rustres. Ils ont pour eux la force.

Seule, la discrétion la plus absolue peut assurer le succès de ce programme. Afin de ne pas être reconnu, je décide de licencier tous mes gens et de recruter une nouvelle caravane à Leh par l'entremise de Goulam Razoul. Je me sépare également ici de mon fidèle Robert, mais pour d'autres raisons : ses deux frères étant morts pendant notre voyage, il désire revenir auprès de sa mère.

---

[15] Chef de la province (Note du traducteur).

Pour pouvoir poursuivre mes préparatifs tranquillement, à l'abri d'un espionnage continuel, je vais m'installer à Gargounsa. A tout le monde, j'annonce mon départ pour Khotan, et, afin d'endormir les mandarins chinois de Péking, j'adresse à l'agence Reuter une note l'informant de mon expédition dans le Turkestan oriental.

Pl. 41. A la porte du couvent de Tachi-gang près de Gargounsa.

Pl. 42. Les gendarmes de Rampour chargés d'escorter mon courrier jusqu'à Gargounsa.

Le 29 octobre, arrivent 20 superbes mules destinées à mon convoi ; en outre, Goulam Rouzal me procurera 15 bons chevaux du Ladak et les approvisionnements nécessaires. Le 30 novembre, tout doit être rendu à Drougoub.

Sur ces entrefaites, me parvient la nouvelle de la convention anglo-russe concernant le Tibet. Pendant trois ans, la Grande-Bretagne et la Russie s'engagent à n'autoriser aucune expédition scientifique, de quelque nationalité qu'elle soit, à pénétrer au Tibet sans un accord préalable ; de plus, les « hautes parties contractantes » s'efforceront d'obtenir l'adhésion du Céleste Empire à cet accord. Du coup ma situation se trouve singulièrement aggravée. Par suite de cette convention, l'accès du Tibet m'est désormais fermé en droit. L'an dernier, alors que les conditions politiques étaient encore obscures et vagues, j'ai réussi à passer, mais mon expédition a éclairé les Chinois et les Tibétains sur la possibilité de traverser à l'improviste le pays interdit. J'ai donné à mes ennemis des verges pour me battre. Une seconde fois, parviendrai-je à tromper leur vigilance ? Suivant toute vraisemblance, une active surveillance sera exercée sur les frontières pour déjouer toute nouvelle tentative de ma part. Dans ces conditions, je prends le parti de me déguiser et immédiatement commande à Leh un vestiaire de musulman Ladaki. Sur le conseil de Goulam Razoul, la caravane se présentera désormais comme composée de marchands ; mon caravanier en chef affectera d'être le patron de la troupe et je jouerai le rôle d'un simple domestique. Par suite, je réduis mes bagages au strict nécessaire ; je n'emporterai que les instruments indispensables et me débarrasse du canot démontable comme de mon grand appareil photographique.

Quittant Gargounsa le 9 novembre, j'arrive dix-sept jours après à Tanksi où je licencie mes anciens caravaniers. J'éprouve un véritable chagrin à me séparer de ces hommes ; dans des circonstances graves, ils m'ont témoigné un dévouement absolu et pendant plus d'un an, ils ont partagé avec entrain ma vie de dangers et de privations.

Le lendemain, à Drougoub, je trouve une nouvelle caravane, onze vigoureux gaillards, dont Goulam Razoul me répond. Trois sont lamaïstes, les autres musulmans : tous sont originaires du Ladak, sauf un seul, un nommé Lobsang, qui est Tibétain.

Au premier moment, je songe à me séparer de ce compagnon, car quelle sera son attitude, en présence de ses compatriotes ? Je n'eus qu'à me féliciter de n'avoir pas mis mon projet à exécution. Par la suite, Lobsang se montra, en effet, le plus fidèle des serviteurs et me témoigna un dévouement absolu. Mon nouveau *Karavan-bachi* (chef de caravane), un nommé Abdoul-Kerim, est un fort brave homme, très honnête, mais il n'a pas précisément inventé la poudre. Le convoi comprend 44 bêtes, 21 mules et 19 chevaux, tous en parfait état, plus 25 moutons.

Le 4 décembre, nous nous mettons en route vers Cheyok. Dans la nuit, le thermomètre est descendu à — 23,4°.

Singulièrement pénible la première étape de ma nouvelle campagne. Pour franchir 10 kilomètres, pas moins de huit heures sont nécessaires. Au-dessous de Drougoub, le torrent s'encaisse dans une gorge profonde ; à six reprises, nous devons le traverser. La première fois, nous passons sur la glace ; ensuite il faut franchir la rivière à gué, heureusement l'eau est peu profonde, mais par ce froid, l'opération manque d'agrément. Le troisième passage est plus difficile ; par suite d'un embâcle formé en aval, le torrent a recouvert les bords des banquettes de glace qui frangent la rivière. Lorsque les chevaux descendent de ces glaçons dans le lit, ils risquent de s'abattre et d'être roulés par le courant ; pour remonter sur la rive opposée, les dangers de chute ne sont pas moindres ; en sortant de l'eau les animaux peuvent difficilement prendre pied sur la glace. A peine avons-nous eu le temps de souffler que l'on recommence un peu plus loin. La rivière est ici large et profonde. Un cavalier va d'abord essayer le gué, mais sa monture perd pied ; l'homme se jette alors à l'eau et seulement après de pénibles efforts réussit à gagner l'autre rive. Une tentative faite en amont ne donne pas de meilleurs résultats. Donc il faut passer ici. Si les chevaux se tirent d'affaire sans trop de difficultés, il n'en va pas de même des mules ; l'une d'elles faillit se noyer. Après cela, nous escaladons un éperon de montagnes qui tombe à pic dans la rivière. La roche est si glissante et ses saillies si étroites que je dois me déchausser pour pouvoir m'agripper au rocher. Dans ce mauvais pas, tous les bagages sont portés à dos d'homme, tandis que, conduite par cinq caravaniers, la cavalerie contourne à la nage le rocher. C'est miracle si dans ces baignades glacées, ni homme, ni bête n'attrape une bonne pneumonie. Au delà de ce défilé, pour la cinquième fois, nous nous mettons à l'eau. Là encore les bagages doivent être portés. Chargés comme des baudets, les caravaniers passent à gué, au prix de prodiges d'équilibre sur les blocs polis qui jonchent le lit. Puis, voici qu'au milieu du torrent un coolie est pris de crampe et ne peut plus avancer ; cinq de ses compagnons doivent rentrer dans la rivière pour le sauver. Les mules, auxquelles ces bains n'agréent point, se défendent vigoureusement lorsqu'on les pousse dans le torrent ; quelques-unes refusent même de bouger si bien que nous devons les tirer avec des cordes. Je passe à cheval, accroupi sur la selle et cramponné au pommeau, pour éviter l'eau qui monte jusqu'au haut des étrivières. Dans cette position, il n'est pas précisément facile de tenir son équilibre lorsque le cheval plonge brusquement en passant d'un bloc à l'autre. Ce mauvais passage est heureusement le dernier ; après ces séances d'hydrothérapie, je fais allumer un grand feu autour duquel bêtes et gens se réchauffent congrûment. Seulement à la tombée de la nuit, nous sommes à Cheyok.

Le lendemain, repos. Ce village est la dernière localité habitée que nous rencontrerons d'ici plusieurs mois ; aussi, le soir, j'organise un bal pour donner à mes caravaniers quelques heures de bon temps avant le rude effort qu'ils vont être obligés de produire.

Après la fête, le travail, et, le 6 décembre nous nous acheminons vers la montagne.

Une mauvaise piste oblitérée au milieu de cônes de graviers et de blocs polis ; en revanche, un paysage magnifique dans sa grandeur sauvage.

Le soir, palabre avec le *Karavan-bachi* et quelques-uns de mes compagnons. Je leur annonce qu'ayant déjà suivi la route habituelle vers Khotan, nous franchirons la chaîne à l'est du col de Karakoram et pour cela gagnerons la région des plateaux. Notre berger, qui connaît très bien le pays, appelé en consultation, déclare inaccessibles les montagnes à droite. Donc nous remonterons le couloir dans lequel nous sommes engagés jusqu'à ce que nous trouvions une brèche.

Toujours un paysage désolé. Au-dessus de nous, un entassement de pics farouches ; en bas, de larges cônes d'éboulis, dont la base a été rongée par les débordements de la rivière, en même temps d'énormes blocs tombés des cimes voisines. L'un d'eux mesure plusieurs milliers de mètres cubes ; la niche d'arrachement est encore nettement visible sur l'escarpement d'où il est tombé.

Dans la nuit du 7 au 8 décembre, — 16,4°. L'hiver approche à grands pas.

A l'oasis de Doung-djéïlak, nous rencontrons une caravane en détresse venant de Khotan. Avant perdu une partie de sa cavalerie, elle attend des bêtes de renfort.

Le lendemain, arrive un autre convoi descendu également du Karakoram. La passe est, paraît-il, très mauvaise. Une troisième caravane, après avoir abandonné 52 chevaux, a été obligée de jeter la plupart de ses charges.

... Aucun de mes compagnons ne soupçonne encore mes intentions. Tant que nous serons sur la route du Turkestan, ils n'auront point de raison de douter que Khotan ne soit le but de mon voyage. Ces rencontres de caravanes servent mes desseins ; dans les régions habitées tous ces gens répandront la nouvelle que je suis en route pour le nord et les Tibétains ne s'occuperont plus de moi.

10 Décembre. — La température s'abaisse de plus en plus, le minimum de la nuit dernière a été — 19,1°. Les fausses rivières sont toutes gelées ; seul, le torrent principal coule encore.

La nuit suivante, nous manquons d'être assommés par une avalanche de pierres. Des blocs détachés de la montagne voisine roulent jusqu'au milieu de nos tentes.

11 Décembre. — Étape pénible sous un froid cuisant. A une heure de l'après-midi — 9,5° ; avec cela une brise qui vous coupe la figure.

Toujours la même vallée sauvage et solitaire. La faune est très pauvre. Jusqu'ici je n'ai observé qu'un lièvre, un aigle et un corbeau ; ce dernier oiseau nous suit obstinément ; dès que nous sommes campés, il arrive tournoyer autour de nous.

A Youlgounlouk, la dernière oasis de la vallée, halte d'un jour. La nuit, — 21,2°.

... Dès deux heures de l'après-midi, le soleil disparaît derrière une crête neigeuse, à droite. Longtemps après que la vallée est dans l'ombre, ses sommets flamboient encore. Quelque courts que soient ces jours d'hiver, combien longs, cependant, ils paraissent, pour celui qui, comme moi, attend dans une poignante incertitude, l'issue de son entreprise. Qu'il me tarde de sortir de ce couloir et d'arriver sur le plateau ! Toujours nous marchons vers le nord-nord-ouest, alors que notre but se trouve à l'est et au sud-est.

13 Décembre. — Campé en face le débouché de la vallée de Chialoung. Une fois le bivouac installé, deux hommes vont reconnaître cette dépression. Après une longue absence ils rentrent, cette fois encore avec de mauvaises nouvelles. La vallée, d'abord facile, se resserre bientôt et devient inaccessible. Force nous est de pousser encore plus au nord pour découvrir un défaut dans cette cuirasse de monts rébarbatifs.

Ce soir, le berger, que je me proposais de congédier lorsque nous attaquerons le plateau, demande à rester avec nous. C'est un excellent chasseur, connaissant très bien ces parages, deux raisons qui me font accepter sa requête. Maintenant nous voici treize, mais je ne suis pas superstitieux.

14 Décembre. — Un ciel bas et une bise glaciale ; toujours la même vallée monotone qui n'en finit jamais.

Nous rencontrons un cadavre de cheval, puis des ballots de soieries, dont les enveloppes portent la marque d'une maison du Turkestan. Épuisées par le passage du col, les caravanes se sont délestées d'une partie de leurs charges ; de même, lorsque le navire menace de couler bas, son équipage jette la cargaison par-dessus bord.

15 Décembre. — Encore des épaves, des cadavres de chevaux, des ballots et des bâts abandonnés.

Une partie de la journée, marché dans l'ouest-nord-ouest ; de plus en plus nous nous écartons de la direction que je veux tenir. Finalement, voici un carrefour de vallées qui paraît devoir nous mettre dans la bonne route. Laissant à gauche la vallée de Sasser, nous nous dirigeons vers une dépression ouverte à droite. L'entrée en est barrée par une nappe de glace, trop frêle pour permettre le passage de la caravane. Après une longue reconnaissance, le berger découvre un sentier, au milieu d'escarpements abrupts.

Le lendemain matin, après avoir escaladé la falaise, nous redescendons sur les bords du torrent, et réussissons à le traverser sur la glace, au préalable recouverte de sable pour que les animaux ne se cassent pas les jambes. Peine inutile. Au delà, la vallée est, paraît-il, barrée par des monceaux de blocs éboulés. Avant de revenir en arrière, je tiens à voir par moi-même ce qu'il en est. En effet, la route est fermée par une énorme avalanche de pierres. Il y a là des blocs de porphyre gros comme des maisons. Donc la retraite s'impose ; en pure perte nous avons dépensé une somme d'efforts considérable. La descente est encore plus scabreuse que la montée ; afin d'éviter une chute qui serait mortelle, les animaux doivent être solidement tenus en main.

Après cela, sous une bise froide, une marche épuisante, interrompue par de fréquents passages du torrent. A la suite de ces nombreuses baignades, les animaux ont le poil couvert de gouttelettes de glace.

... La nuit venue, le paysage prend un aspect lugubre. Sous le clair de lune, les escarpements noirs des monts cimés de neige ressemblent à d'énormes sarcophages recouverts d'immenses suaires. Ce soir, les Ladakis ne chantent pas, le froid a glacé leur gaieté habituelle. Dans la nuit, le thermomètre tombe à — 24,6° !

17 Décembre. — Encore une rude étape à travers d'épais tourbillons de poussière. A trois heures de l'après-midi — 18°. Nous nous engageons dans une allée latérale de droite, entièrement couverte d'une nappe de glace blanche comme du lait ; on dirait un dallage de marbre. Heureusement une caravane de Yarkandis passée avant nous l'a saupoudrée de sable, n'empêche que plusieurs animaux du convoi ne tombent.

Le soir, bivouaqué dans un site appelé Long, en compagnie d'une autre grosse caravane. Ses chefs me proposent de faire route ensemble vers le col de Karakoram. Je n'ai de chances de succès que si les Tibétains demeurent dans l'ignorance complète de mes mouvements. Aussi je décline cette invitation, alléguant mon désir de ne voyager qu'à petites journées.

A ce camp, nous trouvons un malheureux qui, en traversant les montagnes, a eu les deux pieds gelés. La congélation a été si profonde que la gangrène s'est déclarée et que les chairs tombent en lambeaux. Ce pauvre homme a été abandonné en ce piteux état par le convoi dont il faisait partie. Nous l'hébergeons et le soignons de notre mieux, puis le lendemain lui laissons des vivres et quelque argent pour qu'il puisse louer un cheval à la première caravane qui passera.

Le lendemain, encore de lugubres épaves. En deux heures, croisé soixante-trois cadavres de chevaux. Cette vallée n'est qu'un vaste cimetière. Aucune autre route de caravane ne passe à une altitude aussi grande et par suite n'est aussi meurtrière. Dans de telles conditions comment les échanges qui se font par cette voie peuvent-ils être rémunérateurs ?

Ensuite nous suivons l'étroite et sauvage vallée de Mourgou. D'abord une série de monticules jalonnés également de cadavres ; après cela une descente dans une gorge profonde, encombrée de buttes de glace formées par la congélation de sources, ensuite ascension du versant gauche de la vallée sur une pente rapide et glissante. Le moindre faux pas de votre monture vous enverrait rouler dans un précipice vertigineux.

Toujours un temps abominablement froid : — 17° à une heure de l'après-midi.

... Le soleil baisse ; les nuages tourbillonnent autour des cimes empourprées et la brise « force » ; on a l'impression que l'on va geler sur place. Au bivouac, lorsque je descends de cheval, je suis littéralement engourdi et puis à peine faire un pas.

A ce campement, un grave mécompte me surprend. De son air le plus tranquille le *Karavan bachi* m'annonce que dans dix jours la provision d'orge pour les bêtes du convoi sera épuisée. Dans son opinion, la chose n'a aucune importance ; avant cela n'aurons-nous pas traversé le Karakoram et de l'autre côté, aux premiers villages du Turkestan ne trouverons-nous pas d'abondants approvisionnements ? Ainsi, toutes mes recommandations de prendre deux mois et demi de nourriture pour le convoi sont demeurées inutiles. Abdoul-Kerim est un brave homme, mais complètement inintelligent.

Comment sortir de cette situation ? Un moment, je songe à congédier mon chef de caravane et à envoyer chercher dans le bas de la vallée un supplément d'orge. Cette demande d'approvisionnements sera bientôt connue et elle étonnera d'autant que je ne suis plus qu'à huit étapes des premiers villages du versant chinois. Les commentaires iront alors leur train ; il en arrivera certainement quelque chose aux oreilles des Tibétains et ils prendront des précautions pour me fermer l'accès de leur territoire. Si j'expédie un courrier à Chahidoullah, le premier centre important sur le revers septentrional du Karakoram, l'*ambane* chinois de Khotan sera aussitôt informé de l'événement ; il en avisera les autorités de Kachgar qui transmettront immédiatement la nouvelle à Péking par voie télégraphique et des mesures seront concertées pour m'arrêter. La situation est donc singulièrement délicate. Tout bien pesé, le mieux est de poursuivre ma route. Pendant quelque temps, il sera possible d'alimenter les animaux avec la réserve d'orge destinée aux hommes. D'ailleurs, à environ 160 kilomètres d'ici, nous trouverons de bons pacages. Après cela, nous aurons à franchir 650 kilomètres pour atteindre les parages du Tong-tso. Ce trajet sera, à coup sûr, très pénible, mais dans ce parcours nous rencontrerons des pâturages et probablement des nomades. Si les chevaux succombent, peut-être les mules tibétaines habituées à se contenter des maigres pâturages de la montagne résisteront-elles ? L'important, c'est de ne pas ébruiter ma présence au Tibet.

Nuit très froide. A 9 heures du soir, le thermomètre marque — 29,1° et descend bientôt à — 35,1°.

20 Décembre. — Par une vallée ouverte à droite, de nouveau nous essayons de découvrir un passage vers l'est. Encore une journée glaciale. A une heure de l'après-midi — 21°. Les chevaux sont tout blancs de givre.

… Abdoul-Kerim, qui dirige la tête du convoi, revient la tête basse. En amont, le passage est fermé par d'énormes amoncellements de roches !

Dans ces conditions, il ne nous reste d'autre ressource que de bivouaquer. Un triste campement. Inutilement les animaux grattent la neige dans l'espoir de découvrir une maigre pitance. Nulle part une touffe d'herbe ! De plus, pas une goutte d'eau ! Avec cela des énormes escarpements voisins ; à tout instant, sous l'influence de la gelée, une avalanche de pierres peut se détacher et nous écraser.

Pendant la nuit — 34,8° ! Pour apaiser leur faim, les animaux dévorent deux sacs vides et des cordes ; quelques-uns broutent la queue de leurs camarades.

Le lendemain, le camp est installé en arrière, dans la zone de la végétation, pour permettre aux bêtes de se refaire et de se reposer.

La nuit suivante, changement de temps. Le ciel se couvre et de suite le thermomètre remonte. Après les froids cuisants des jours précédents, — 17,2° donne presque une impression de chaleur.

A peine en route, un cheval tombe pour ne plus se relever. C'est le commencement du calvaire de la caravane.

Une fois sortis de l'impasse dans laquelle nous nous sommes fourvoyés, nous reprenons notre marche vers le col de Karakoram.

Toujours le même lugubre jalonnement de cadavres. Cette vallée est la Via dolorosa de l'Asie Centrale.

... Du sud, le vent souffle en tourmente, chassant des tourbillons de poussière rouge enlevée sur les grès de la région. On dirait des nuages de sang.

A Kisil-Ounkour, où nous campons, la vallée n'est plus qu'une étroite fente. Là également, pas une touffe d'herbe ! Affamées, les mules se jettent sur le vieux crottin épars aux environs du bivouac.

Autour des feux, les Musulmans entonnent un chant d'une douceur infinie qui vous pénètre d'une impression de poésie profonde. C'est d'abord une mélodie exquise, puis soudain une phrase bruyante, comme une invocation. Mes hommes prient Allah de les protéger contre les tourmentes.

Chaque fois que la situation devient critique, le soir, les caravaniers entament ce chant religieux, comme pour me donner un avertissement et m'informer discrètement qu'ils sont arrivés à la limite de leurs forces.

CHAPITRE XVI

SUR LE TOIT DU MONDE

A l'assaut du plateau. Un triste Noël. A 5 000 mètres d'altitude. Dans le bassin supérieur du Kara-Kach. L'Aksaï-tchin. Froids polaires. Une tempête de quinze jours. Abondantes chutes de neige. Le Chemen-tso. Rencontre de nomades. Sur le qui-vive.

24 Décembre. — Un triste Noël ! L'an dernier j'avais au moins la société d'un chrétien, tandis qu'aujourd'hui je suis seul au milieu de musulmans et de lamaïstes que je connais à peine.

Lentement la caravane gravit les pentes du Dapsang. Une fois à l'altitude de 5 428 mètres, un large horizon de pics enneigés se découvre ; un hérissement tout blanc. Au milieu de cet océan de cimes, une seule dépression est visible, ouverte vers le nord-est. Par cette voie, je vais essayer d'escalader le Toit du monde. J'annonce alors à mes gens mon intention d'abandonner la route du Karakoram et d'avancer dans l'est. A cette nouvelle, profond est leur étonnement, et grande leur désillusion. Quelques semaines plus tard, ils espéraient arriver dans la riante oasis de Khotan, et voici que je les entraîne vers un des déserts les plus âpres de la terre.

Partout une neige épaisse, sèche et poudreuse : dans les dépressions, elle atteint une hauteur de 2 mètres. Les chevaux nagent à travers cette poussière ; par moment, ils perdent pied, et, pour échapper à l'enlisement, bondissent comme le font les dauphins lorsqu'ils s'élancent hors de l'eau. Bientôt il ne nous reste d'autre ressource que d'ouvrir une tranchée dans ces monceaux de neige et d'établir une piste. Jusqu'où s'étend cette nappe pulvérulente ? Non seulement elle retarde notre marche, mais encore elle prive nos animaux de tout pâturage.

... Le plus triste bivouac que j'aie jamais eu en Asie, à part ceux des sables du Takla Makane. Dans toutes les directions, une infinie ouate blanche !

Une fois le campement installé, je célèbre la Noël en plaçant dans ma tente, sur une caisse, les photographies de mes parents entourées de bougies. La vue de ces visages aimés me fera paraître ma solitude moins pesante : j'aurai l'illusion de me trouver au milieu d'eux.

A 9 heures du soir, — 27,1°. Sous la tente, le thermomètre marque — 20°. J'essaie de lire, mais mes mains gourdes ne peuvent tenir le livre. Le mieux est donc de me mettre au lit pour tout oublier dans un sommeil réparateur.

Pendant la nuit, — 38,6°.

Le lendemain, un cheval est trouvé gelé. Les survivants sont tous en piteux état, la tête basse, avec de longs glaçons pendant à chaque naseau.

... A mesure que nous avançons vers l'est, la neige devient moins épaisse ; en revanche, c'est la stérilité absolue. Et nous n'avons plus que deux sacs d'orge !

Ce soir, conseil avec le *Karavan-bachi*. Dans quelle terrible situation sa négligence m'a mis ! Maintenant les récriminations sont inutiles. Les caravaniers ont du tsamba [16] pour trois mois

---

[16] Blé grillé (Note du traducteur).

et du riz pour deux. Désormais on donnera aux animaux une partie des céréales destinées aux hommes.

27 Décembre. — Nous cheminons à l'altitude de 5 378 mètres et tous sommes en proie à de violents maux de tête. Une courte marche nous amène sur un maigre pacage. Aussitôt, je donne l'ordre de camper, afin que les bêtes puissent manger à leur satiété. Cela leur arrive si rarement.

Le lendemain, ciel couvert, et par suite hausse de température. Vingt-quatre heures plus tard, le thermomètre retombe à — 29,9°. Malgré le froid et la neige, nous avançons, mais combien lentement ! En six jours, 75 kilomètres seulement !

Le 31 décembre, nous nous trouvons dans le bassin supérieur du Kara-Kach.

1er Janvier 1908. — Une journée ensoleillée inaugure la nouvelle année, un heureux présage, semble-t-il.

Sur les renseignements rapportés par un éclaireur, nous enfilons une vallée ouverte vers le sud-est. Après quelques heures d'une marche facile, voici qu'une puissante chaîne couverte de glaciers nous barre le passage. L'éclaireur d'hier n'a pas rempli consciencieusement sa mission. Pour le punir de sa négligence, les caravaniers veulent le rosser. Nous campons, et le lendemain revenons en arrière pour incliner ensuite dans l'est.

3 Janvier 1908. — Nous sommes au milieu du labyrinthe de montagnes et de vallées qui forment le rebord méridional du Turkestan chinois. Sous une effroyable tourmente de neige, nous remontons un vallon tributaire du Kara-Kach supérieur. Quand trouverons-nous un col conduisant vers les bassins fermés du Tibet central ?

Le lendemain, repos afin d'abreuver les animaux qui depuis plusieurs jours n'ont pas bu. Le combustible abondant aux environs du camp, nous faisons fondre des morceaux de glace dans de grandes bassines.

Le 5 janvier, la marche est reprise vers l'est. Après avoir franchi un col, nous retombons sur une nouvelle branche du Kara-Kach.

Toute la journée, un froid terrible. Le soir, dans la tente, impossible de se réchauffer. Dans ces conditions, la mise au net des observations de la journée devient une torture. L'encre gèle au bout de la plume ; pour écrire, je suis obligé de placer mon encrier tout contre le brasero. Dans la nuit, — 33,4°.

6 Janvier. — Un nouveau col très élevé (5 488 mètres), et nous sortons enfin de cet interminable bassin du Kara-Kach.

Au sommet de la passe, changement complet de décor ; de l'autre côté, plus de neige ! Dans la très large vallée ouverte devant nous, une seule tache blanche apparaît au loin. Si, plus à l'est, la neige fait défaut, comment pourrons-nous nous procurer l'eau nécessaire, car il est inutile de songer à creuser des puits dans ce sol durci par la gelée. Donc, il faudra n'avancer qu'avec la plus grande prudence à travers cet océan de pierres. Pour ne pas être exposés à quelque catastrophe, nous emporterons dorénavant une provision de neige et de glace.

8 Janvier. — Traversé un col de 5 355 mètres. Une mule et un cheval tombent épuisés. Sur le premier pacage que nous rencontrons, nous campons. Nulle part trace d'eau, ni liquide, ni solide. Heureusement, nous avons des sacs de glace.

Le lendemain, après une nouvelle crête, se découvre le haut plateau que j'ai traversé dans ma précédente campagne, en 1906. A perte de vue, une immense platitude, toujours pareille à elle-même d'horizon en horizon. A deux étapes d'ici nous rencontrerons le lac Aksaï-tchin. De là nous ferons route vers l'Arport-tso, en coupant, comme en 1906, les itinéraires de Bower, de Deasy, de Rawling et de Zugmayer. De nouveau nous voici sur le Toit du Monde. Avec ma faible caravane, réussirai-je à le traverser ?

10 Janvier. — Une étape de 24 kilomètres sur la grande plaine nue et stérile, perdue dans les airs à 5 000 mètres d'altitude. Un vent glacial enveloppe la caravane d'un nuage de poussière ; longtemps, il traîne dans l'air, comme le panache de fumée qu'une escadre laisse derrière elle.

... De très loin, à la surface grise du plateau, un maigre alpage fait une large tache jaune. A la vue de cette oasis, les hommes entonnent un chant d'allégresse et les animaux hâtent le pas sans qu'il soit besoin de les exciter.

Le lendemain soir, nous atteignons le lac Aksaï-tchin, où se trouve un excellent pâturage. Agitées par une brise très fraîche, les eaux de ce bassin sont à l'état de surfusion. Bien qu'elles soient refroidies à — 6°,3, elles ne sont pas prises !

Après cela, une série de journées glaciales. Le 13, neige abondante ; dans la nuit du 14 au 15, — 39,8°, un froid polaire comme jamais auparavant je n'en ai éprouvé. Deux jours après, le thermomètre marque encore — 34°,4. Heureusement, le vent s'est tu.

18 Janvier. — Nous suivons une grande vallée longitudinale, avec, au sud, un puissant relief orienté est-ouest comme toutes les chaînes tibétaines. En essayant de le traverser vers le sud-est, nous nous heurtons à un autre massif. Encore une fois, nous sommes obligés de revenir sur nos pas. Le soir, à l'arrivée au bivouac, le vent est si violent qu'à grand'peine il est possible de dresser les tentes.

Dans la nuit, un cheval et une mule meurent. Déjà le quart de la caravane a succombé ! Faisant route au sud, nous parvenons à franchir les montagnes, puis arrivons dans une nouvelle vallée longitudinale.

Voici trois jours que la tempête souffle sans répit.

24 Janvier. — Notre marche est terriblement lente. Depuis la Noël, seulement 302 kilomètres, soit environ 10 kilomètres par jour. A cette allure, atteindrons-nous jamais le but ?

Aujourd'hui encore, tourmente. Fouettée par ce vent diabolique, la neige tourbillonne en simoun glacé. Dans la nuit, — 29,6°.

A chaque page de mon carnet, la mention suivante revient comme une litanie : « Aujourd'hui, l'étape a été la plus pénible que nous ayons encore fournie ». Et chaque jour amène de nouvelles épreuves plus rudes que toutes celles que nous avons précédemment endurées.

25 Janvier. — Si cette tempête glacée continue, nous n'y résisterons pas. Aujourd'hui, nous sommes à bout de forces. De toute la journée, impossible de se réchauffer. A peine en selle, je me sens transpercé ; si un instant je prends la boussole pour relever un alignement, une minute après mes mains deviennent complètement insensibles.

Malgré tout, nous parvenons à l'Arport-tso (5 298 mètres).

Le lendemain, neige très abondante ; après quoi le froid reprend de plus belle : le thermomètre descend à — 34,6°.

28 Janvier. — Hier, une mule a succombé, aujourd'hui deux chevaux. Nous n'avons plus que 23 animaux. Trois bêtes en vingt-quatre heures ! Si cette mortalité ne s'atténue pas, nous serons bientôt complètement démontés. Comment pourrons-

nous alors sortir de cet atroce désert ? Notre salut dépend uniquement de la résistance dont seront capables les survivants de notre train d'équipage. Toujours des altitudes extravagantes. Dans la journée, franchi un col de 5 572 mètres.

20 Janvier. — Tempête et 31,4° sous zéro. Nous nous traînons à travers une neige profonde. Le cache-nez dont je me suis enveloppé la tête se transforme en un collet de glace qui craque à tous mes mouvements. Lorsque je veux essayer de fumer, mon porte-cigarette reste figé à mes lèvres.

Au cours de cette étape, deux chevaux tombent pour ne plus se relever et deux caravaniers restent en arrière, en proie à d'intolérables palpitations de cœur. J'essaie de les réconforter et leur promets à leur arrivée au camp un remède qui les remettra sur pied.

Le soir, Abdoul-Kerim vient s'entretenir avec moi de la situation. Il est consterné. Dans son opinion, si d'ici deux jours nous ne rencontrons pas de nomades, nous sommes perdus. Je lui représente que seule une marche en avant peut nous sauver. Nous devons avancer tant qu'une mule restera debout ; puis, lorsque tous les animaux auront succombé, nous prendrons ce que nous pourrons porter et poursuivrons notre route. Le plus tôt possible, il importe que nous arrivions dans des terres habitées. Combien aventurée est, en effet, notre position. La neige nous ferme toute retraite, et en avant, c'est un inconnu terrifiant.

30 Janvier. — Encore la tourmente. La vue est masquée par les tourbillons de neige. Si la veille, je n'avais pris un relèvement de la vallée que nous devons suivre, nous nous serions égarés. En certains endroits, la neige a une épaisseur de plusieurs mètres. Parfois, les deux hommes qui fraient la piste, disparaissent, engloutis dans la nappe blanche. Après quelques heures de marche dans de pareilles conditions, bêtes et gens n'en peuvent plus. A chaque instant, une mule ou un cheval

tombe, il faut alors perdre un temps précieux à le relever et à le recharger. Finalement, nous arrivons à un col (5 569 mètres). Au niveau de la mer, une étape sous une pareille tempête serait pénible ; à une telle altitude elle devient épuisante. Sur le versant oriental de la passe toujours d'épaisses nappes de neige. N'empêche, il faut continuer ; si nous ne trouvons pas un pacage pour nos bêtes affamées, c'est leur mort.

A tâtons, nous arrivons dans un élargissement de la vallée où le vent a déblayé quelques plaques de terrain. A droite, sur une pente, Abdoul-Kerim croit distinguer des touffes d'herbe.

... Quel temps ! L'ouragan souffle avec un sifflement sinistre et le chasse-neige est si épais que de ma tente je ne distingue pas les abris des caravaniers plantés à quelques pas de là. Terre, ciel et montagnes sont confondus, dans un impalpable poudroiement blanc.

A 3 heures du soir, dans ma tente le thermomètre marque — 17° ; la nuit il descend à — 26,9°.

Évidemment, j'ai trop présumé de nos forces. Un désastre est imminent.

31 Janvier. — Encore la tourmente aussi violente et aussi épaisse que les jours précédents. Jamais encore, pas même sur le Pamir, je n'ai vu de telles chutes de neige. La nuit dernière, une mule est morte. Le convoi ne compte plus que 19 animaux !

Aujourd'hui, étape très courte. Quatre kilomètres et demi. Après quoi on procède à l'allégement des bagages. Les approvisionnements sont enfermés dans des sacs et les caisses qui les contenaient servent à nous chauffer.

L'après-midi, une courte éclaircie permet de distinguer le Chemen-tso dans le sud-est. J'en profite pour relever la direction que nous suivrons demain.

... Toute la soirée et toute la nuit, neige très abondante.

1ᵉʳ Février. — Encore la tourmente. Jamais donc elle ne s'apaisera. Aujourd'hui, elle nous souffle droit dans la figure. En certains endroits, la neige est si profonde que nous barbotons sans pouvoir prendre pied.

Aux environs du Chemen-tso, nous avons la chance de trouver un pacage relativement bien fourni. La nuit, la neige continue à tomber et l'ouragan à ronfler. Voici bientôt quinze jours que dure cette tempête.

4 Février. — Enfin l'accalmie si ardemment désirée ! Un magnifique éblouissant ciel bleu. En revanche, température très basse ; dans la nuit, le thermomètre est descendu à — 28° !

Trop court, malheureusement, ce rayon de soleil ; dès le lendemain, le vent reprend.

Chaque étape entraîne de nouvelles pertes d'animaux. Le 4, un cheval et une mule, le 5, une mule, le 6, une mule et un cheval, le 8, un cheval.

Ce jour-là, nous rencontrons un piège dans lequel se trouve prise une antilope. Des chasseurs se trouvent donc dans le voisinage ; immédiatement, je réunis mes gens pour leur faire la leçon. Je leur explique que j'ai entrepris ce rude voyage dans le seul dessein de visiter les pays situés plus au sud et dans lesquels aucun Européen n'a pénétré. Pour arriver au but, la ruse et la prudence sont nécessaires. Aussi bien nous présenterons nous aux Tibétains comme des Ladakis envoyés par un riche marchand, pour voir quelle quantité de laine il est possible d'acheter dans le pays. Abdoul-Kerim passera pour le chef de la caravane et en toute circonstance agira avec l'autorité d'une telle fonction. Quant à moi, je serai considéré comme un de ses domestiques et prendrai le nom d'Hadji-Baba. Ces explications terminées, mes compagnons déclarent avoir compris la situation et mes intentions et promettent de suivre scrupuleusement mes instructions.

Ce palabre finissait lorsqu'un éclaireur découvre deux tentes. Aussitôt des caravaniers sont expédiés en parlementaires avec ordre d'acheter tout ce qu'ils pourront.

... Les deux tentes abritent neuf habitants : deux hommes, deux femmes et cinq enfants. Le doyen du clan possède 150 moutons. Ces indigènes sont dans ces parages depuis deux mois et y séjourneront encore six semaines. Les caravaniers leur achètent de la viande, du lait et du beurre. Après soixante-sept jours d'isolement dans le désert, nous reprenons contact avec l'homme.

10 Février. — Dans la journée, rencontré l'exploitation aurifère à laquelle Rawling donne le nom de Rougma-tok ; on n'y travaille qu'en été.

Ce soir, excellent bivouac. De l'herbe pour les animaux, du combustible en abondance, et une source. La présence de cette eau courante annonce l'approche du printemps.

A l'est et au sud-est, se lève un puissant massif montagneux. En terrain plat, le convoi a encore la force de marcher, mais qu'il puisse gravir des cols élevés, cela est douteux.

11 Février. — Des empreintes de pas sont visibles sur la neige. D'un moment à l'autre, nous sommes donc exposés à rencontrer des Tibétains ; c'est le moment d'endosser mon travesti. Je me coiffe d'un turban blanc et revêts le costume ladaki. Pour compléter le déguisement, dorénavant je ne me laverai plus. Toutefois, je le crains, mes efforts demeureront

vains ; jamais je n'atteindrai le degré de saleté de mes compagnons.

15 Février. — Depuis deux jours, le froid est redevenu très vif. Chaque nuit le thermomètre descend à — 30°. Aujourd'hui, franchi une chaîne, à l'altitude de 5 656 mètres. Du haut du col, le regard embrasse vers l'ouest-nord-ouest un horizon de montagnes sauvages et de crêtes fantastiques.

Le terrain parcouru ces derniers jours est constitué par des schistes, des granites et des porphyres.

Sur le versant méridional de la chaîne traversée, stérilité absolue et neige épaisse. Pour soulager les animaux, tous les hommes portent des charges ; n'empêche, ce satané col me coûte un cheval et deux mules.

Ce soir, les bêtes sont alimentées avec un mélange de crottin de yak sauvage, de mousse, de farine et de riz.

Une seconde étape comme celle d'aujourd'hui achèvera la caravane. Plus que 11 animaux vivants ! Les bagages sont trop lourds pour notre train d'équipage épuisé ; en conséquence je procède à un nouvel allégement. Tous mes vêtements européens sont brûlés, ma toilette de voyage, des feutres pour les chevaux ; la provision de fers de rechange est également abandonnée.

Les jours suivants, la marche se poursuit lente et vacillante, tantôt en vallées, tantôt sur de hauts plateaux, toujours sur une neige profonde.

Le 18 février, après une étape épuisante, nous achevions les préparatifs du bivouac lorsque l'ouragan fond de nouveau sur nous. En une minute, le ciel, jusque-là admirablement bleu, s'obscurcit de gros nuages de poussière. Aux premiers souffles, le brasero près duquel je dessine dehors est balayé, et le monticule de crottin d'ânes sauvages que les hommes avaient rassemblé pour alimenter nos feux, dispersé aux quatre coins de la vallée. Pendant de longues heures l'ouragan ronfle lugubrement. A chaque minute, je m'attends à ce que ma tente soit emportée. J'ai l'impression d'être sur un bateau, dont les voiles désemparées battent furieusement les mâts.

19 Février. — Encore la tempête. Le Lemtchung-tso est en vue dans le lointain. Sur la douce déclivité qui penche vers cette nappe, nous avançons rapidement, poussés par le vent.

Aperçu une armée d'antilopes en train d'émigrer vers le nord.

Après avoir croisé, il y a plusieurs jours la route de Deasy et de Rawling, j'arrive à la lisière occidentale d'une des plus grandes taches blanches que renferme encore la carte du Tibet.

La nuit dernière, un cheval a succombé. La caravane ne compte plus que 10 animaux. Les trois quarts du convoi sont morts à la peine !

Ce matin, plus d'orge, ni de riz pour nos bêtes. A nos animaux affamés nous donnons un mélange de farine et de feuilles de thé bouillies. Les vivres diminuent rapidement et combien loin nous sommes encore du but !

Le soir, nous atteignons le Lemtchung-tso. Le lendemain, repos et nouvel allégement des bagages. Bientôt il ne nous restera plus que les vêtements que nous avons sur le dos. Le soir tempête, pour ne pas en perdre l'habitude. Pendant trois jours ensuite, ce sont de constantes rafales.

La marche de la caravane est toujours très lente. Ce mois-ci, nous n'avons couvert que 350 kilomètres.

25 Février. — Par des pentes à peine visibles, la large et plane vallée que nous suivons nous conduit à un seuil peu accusé.

Sur le versant oriental de cette passe se rencontrent une nouvelle exploitation aurifère, abandonnée en cette saison, et, plus loin, deux autres, plus importantes. Nulle part, je n'aperçois la « haute chaîne neigeuse » que la carte anglaise place dans ces parages.

27 Février. — Une plaine immense, doucement inclinée vers l'est-sud-est. Sur ce plateau, plus d'un millier d'ânes sauvages sont assemblés ; les uns pâturent tranquillement, pendant que d'autres exécutent d'élégantes évolutions. Comme les troupeaux des nomades, ces animaux accomplissent, eux aussi, des migrations déterminées par les nécessités de leur alimentation. Un peu plus loin, voici cinq troupes nombreuses de kiangs. La plus rapprochée compte pour le moins 133 exemplaires.

Le soir, Abdoul-Kerim va visiter deux tentes voisines de notre camp. Effrayés par la vue d'étrangers, leurs habitants défendent à mes gens l'entrée de leur abri. Ils leur vendent cependant deux moutons et une motte de beurre. Ces indigènes ont pour tout bien six yaks, soixante-dix moutons et un chien.

En poursuivant notre marche vers le sud-est, nous rencontrerons, racontent-ils à Abdoul-Kerim, de nombreux pasteurs de Giertsé et de Senkor, régions que j'ai traversées en 1901.

Deux jours après, grosse alerte. Des Tibétains refusent de recevoir mes caravaniers, sous le prétexte que parmi eux se cache un Européen. Il faut éclaircir l'affaire. Le lendemain, Abdoul-Kerim part en ambassadeur auprès des indigènes. De leurs explications, il résulte qu'ils ne soupçonnent pas ma présence ; ils savent simplement que l'an dernier un Européen est passé plus à l'est à la tête d'une grosse caravane. Peu a peu, ces farouches Tibétains s'amadouent et consentent à nous vendre 12 moutons.

... Depuis quatre jours, la tempête sans répit ! Le 1er et le 2 mars, c'est un tel déchaînement que nous demeurons au camp. La violence des rafales et l'épaisseur des trombes de poussière dépassent tout ce que l'on peut imaginer. Représentez-vous une brume opaque, composée de fines particules minérales. A travers cette nuée, impossible de distinguer quoi que ce soit à deux pas de soi. Pendant cette effroyable tourmente, nos animaux demeurent blottis dans une dépression, sans pouvoir pâturer. Ce jeûne n'est pas fait pour les remettre d'aplomb. Nous n'avons plus que 9 bêtes ! Pour les soulager, suivant l'usage du pays, nous ferons porter aux moutons des charges légères.

Pl. 38b. Moutons tibétains portant des charges légères.

3 Mars. — Nous ne pouvons indéfiniment rester ici. Aussi, bien que le vent n'ait guère molli, nous nous remettons en marche.

4 Mars. — Toujours la tempête ! Franchi aujourd'hui un col relativement bas (4 886 mètres).

Cette région est constituée par des schistes et des quartzites et parsemée de blocs de granite.

Le soir, campé près d'une tente occupée par quatre indigènes de Senkor. Ils possèdent 400 moutons. L'un d'eux nous en vend trois et nous cède du beurre et du lait. A trois jours de marche d'ici, vers le sud-est, raconte-t-il, se trouve le campement du chef du district de Giertsé. Bon avertissement ; nous passerons au large de ce personnage.

D'après ces nomades, nous sommes dans le pays de Pankour.

5 Mars. — Aujourd'hui, longue étape, 13,7 kilomètres, sur l'immense plateau, sans aucune saillie, que nous suivons depuis le Lemtchoung-tso. En revanche, la tempête continue à faire rage. S'il nous soumet à de cruelles souffrances, ce simoun a cependant un avantage. Les nuages de poussière qu'il soulève dérobent notre marche à la vue de la plupart des nomades campés sur cette plaine découverte.

... Au milieu de ces pasteurs, les plus minutieuses précautions doivent être prises pour ne pas nous trahir nous-mêmes. Chaque matin, avant de quitter le bivouac, nous veillons à ne laisser derrière nous aucun vestige suspect. Des bouts d'allumettes ou du papier donneraient immédiatement l'éveil aux Tibétains.

6 Mars. — Nous avançons à pas de tortue. En hiver, sur ces hauts plateaux battus par les vents, quatre heures de marche, c'est tout ce que l'on peut faire.

Ce matin, temps clair. Hélas ! cela ne dure pas. A peine en route, le vent se lève de nouveau avec une telle force que j'ai toutes les peines du monde à me maintenir en selle, et, les tourbillons de poussière sont si épais que par moments je suis suffoqué.

... A travers ces nuées rougeâtres, apparaît une tache blanche, une nappe de sel et de gypse avec quelques plaques d'eau ; un lac en voie de disparition.

Dans l'après-midi, l'ouragan augmente de violence ; on n'y voit plus à deux pas devant soi ; la nuit en plein jour ! Dans ces conditions, point d'autre ressource que de camper. Seulement au prix d'un long et pénible effort, les hommes réussissent à dresser ma tente ; lorsqu'elle est prête, c'est tout un travail d'en gagner la porte, sans être renversé. Les caravaniers, impuissants à monter la leur, prennent le parti de se rouler dans la toile derrière un monticule de sacs. Heureusement, la température est relativement élevée : + 2,1° ; depuis trois mois, jamais nous n'avons eu aussi chaud.

Le lendemain, encore une fois, je suis réveillé par le sinistre sifflement de la tempête. On ne distingue plus ni ciel, ni horizon : seuls, les massifs des montagnes les plus rapprochés apparaissent vaguement. Quoi qu'il en soit, il faut partir.

... A la fin de l'étape, nous arrivons devant une large nappe de glace, un torrent divisé en plusieurs bras et entièrement gelé. Dans la traversée de ce mauvais passage, une mule se casse une jambe et doit être ensuite abattue.

8 Mars. — Au milieu de cette immense solitude, voici qu'apparaît une grande cassine en pierres, entourée de plusieurs huttes et un peu plus loin une tente de dimensions inusitées. Quelque gros personnage doit habiter là. Pas de chance ! Nous sommes allés nous fourrer dans la gueule du loup.

Rien ne bouge, ni chiens, ni hommes. J'envoie alors un caravanier en reconnaissance, tandis que je demeure en arrière. La maison est vide ! Abdoul-Kerim se dirige alors vers la tente. Un indigène l'accueille cordialement et immédiatement le fait entrer chez lui. Les choses prennent donc une bonne tournure.

Cette tente est un temple ambulant, occupé par un lama qui, à ses fonctions religieuses, joint celle de médecin. Ce cénobite est chargé de veiller au salut et à la santé des nomades qui fréquentent ces parages.

La maison appartient au *poun*[17] Bobo, le chef de district de Giertsé. Ce personnage, tout récemment parti avec ses troupeaux à un jour de marche dans l'est, est attendu prochainement. Je vais manœuvrer de manière à lui fausser compagnie.

9 Mars. — Halte pour nous ravitailler.

Chez le beau-frère du *poun* Bobo campé dans le voisinage, des hommes s'en vont acheter cinq moutons, deux brebis et une petite provision de riz et d'orge, enfin du tabac. Pour ne pas éveiller la méfiance du moine-médecin, toute la journée je demeure cloîtré dans ma tente.

Le lendemain, dès 6 heures arrivent deux Tibétains. Que signifie cette visite matinale ? En hâte je passe mon turban et me noircis les mains et la figure. Il ne faut pas que je sois surpris au saut du lit en déshabillé européen. Je suis bientôt rassuré. Nos visiteurs sont tout simplement des voisins qui ayant connu le bon prix que nous avons payé les moutons, viennent nous en offrir d'autres. Combien ces continuelles alertes sont énervantes !

Encore une journée très pénible. A 11 heures du matin, le vent « force » et bientôt la tempête fait rage. Voici un mois que dure cet ouragan. Aujourd'hui le simoun est si épais qu'il obscurcit le soleil.

---

[17] *Poun*, chef de district.

Continuellement frottée par le sable que le vent entraîne, ma fourrure se charge d'électricité et à chaque instant je ressens des décharges désagréables. Lorsque j'avance un doigt vers la main de l'un de mes compagnons, une étincelle se produit à son grand effroi.

Le lendemain, au réveil, par extraordinaire pas de vent. Mais cela dure peu. A neuf heures, l'ouragan recommence, et, lorsqu'il se tait, c'est une neige épaisse et un froid de — 24° !

15 Mars. — Nous voici enfin sur les bords du Tong-tso à la lisière de la grande tache blanche qui occupe la partie méridionale du Tibet central. Des bords de ce lac, je ferai route droit au sud à travers cet inconnu. L'entreprise ne s'annonce pas facile. Devant nous, le Chakong-Cham forme une formidable muraille. Pour le contourner, nous nous dirigeons vers une brèche ouverte au sud-est.

CHAPITRE XVII

DE NOUVEAU EN TERRE INCONNUE

Méfiance des indigènes. Mon avatar. Mesures de précaution. Une série de cols de 5 000 mètres. La corvée au Tibet. Le Boupsang-tsangpo. Le Samié-la. Description du Transhimalaya. Aux approches de Raga-tasam. Découvert et arrêté par les Tibétains.

À notre première étape dans les montagnes, mauvaise affaire. Dans un campement où il s'est rendu pour acheter des yaks, mon caravanier en chef est fort mal reçu. Deux nomades lui racontent qu'ils nous ont vus cheminer de loin, qu'en tête de la colonne marchait un homme à cheval, tandis que tous les autres allaient à pied et que ce cavalier est certainement un Européen. D'ailleurs, ajoutent-ils, jamais des Ladakis ne voyagent l'hiver dans le pays. L'esprit de lucre l'emporte sur la méfiance ; sans se faire prier, ces gens nous cèdent deux yaks et six moutons. Je fais payer ces animaux un bon prix pour acheter le silence de leurs propriétaires. S'ils parlent, en effet, le chef de district leur fera rendre gorge afin de les punir d'avoir trafiqué avec des étrangers suspects.

... Nous sommes maintenant sur la frontière du district de Bongba-tchangma qui compte trois cents tentes ; comme toute la province de Bongba, il est sous l'autorité du gouverneur Karma Pountso qui est campé à six jours de marche plus au sud. Ce Karma Pountso, un jeune homme de 25 ans, occupe cette haute fonction depuis la mort de son père, survenue il y a un an seulement. Tant mieux ! N'ayant pas encore été en contact avec des explorateurs, il n'a pas appris à se méfier de leurs stratagèmes.

Pl. 46b. Mon cheval ladaki.

Les jours suivants, traversé deux cols, l'un de 4 918 mètres, l'autre de 5 955 mètres. Pour n'éveiller aucune défiance parmi les Tibétains, je m'attache à remplir en conscience mon rôle de berger. Désormais pendant toutes les étapes, je conduis les moutons, mais je dois l'avouer, la vocation me manque, et, sans le secours de deux de mes gens, je sèmerais en route mon troupeau.

Le 20, après avoir longé un petit lac, le Char-tso, nous atteignons les bords du Kangcham-tsangpo, large torrent issu du versant nord du Cha-Kangcham, une puissante montagne visible dans le sud-est.

21 Mars. — Bien que la nuit dernière le thermomètre soit descendu à — 18°, le torrent n'est pas pris ; donc passage à gué.

Après cela, traversée d'un nouveau col. De là, superbe panorama sur un haut contrefort occidental du Cha-Kangcham, qui nous ferme la route au sud.

23 Mars. — Une rude journée ! Ascension du Tchaklam-la, un col très difficile de 5 285 mètres ! Dans notre état de fatigue, la montée devient extrêmement pénible. Du sommet, la vue est grandiose, mais combien décourageante. Vers le sud, précisément dans la direction que nous devons suivre, à perte de vue un hérissement de montagnes sauvages, orientées est-ouest. A travers ce puissant relief, la marche sera singulièrement difficile.

Après le Tchaklam-la, une nouvelle rivière, le Sangtchen-tchou. Elle est heureusement gelée. Au delà, pour éviter les montagnes, nous venons dans le sud-est.

... Notre petite troupe avance en observant toutes les mesures de sûreté que prend une armée en marche à travers un pays ennemi. Nous avons toujours une pointe d'avant-garde, formée par Goulam. Dès que cet éclaireur découvre une tente ou un Tibétain, il étend le bras. A ce signal, immédiatement je descends de cheval ; Abdoul-Kerim enfourche alors ma monture, et, je vais prendre place derrière le troupeau. Une fois tout danger disparu, je remonte à cheval.

Après avoir passé le Sangtchen-tchou, je m'aperçois que j'ai perdu mon étui à cigarettes. Immédiatement deux hommes partent à sa recherche, refaisant minutieusement le trajet que nous venons d'accomplir. Si d'aventure les Tibétains trouvaient cette pochette, mon identité serait dès lors clairement établie. Seul, un Européen, en effet, peut posséder pareil objet. Bientôt après, mes gens reviennent tout heureux, ils ont retrouvé l'étui.

Dans cette région, ce rude hiver ayant décimé les troupeaux, les nomades répugnent à nous vendre des moutons.

Du 24 février au 24 mars, nous avons parcouru seulement 290 kilomètres. La longue suite d'ouragans subie pendant cette période, a singulièrement ralenti notre marche. Maintenant encore rarement les étapes atteignent 10 kilomètres.

26 Mars. — Un nouveau col très élevé, le Santchen-la (5 356 mètres).

Le soir, au campement, un vieux Tibétain donne à mes gens une foule de renseignements intéressants. Dans neuf jours, tous les nomades de la région se réuniront pour rencontrer le gouverneur, lui acheter du thé et acquitter leurs impôts. D'autre part, près d'ici, est campé un riche marchand nommé Tsongpoun-Tachi, le potentat commercial de la région. Donc il va falloir manœuvrer habilement pour ne pas aller nous perdre sur ces deux écueils.

27 Mars. — Aujourd'hui encore un col de 5 302 mètres, le Ladoung-la, puis terrain plat pendant les quatre étapes suivantes.

Le pays devient de plus en plus habité et les interrogatoires de plus en plus fréquents.

Le 28 au soir, campé entre une tente appartenant au fonctionnaire de la région et une autre au prieur d'un couvent voisin. J'aurai de la chance si je ne suis pas découvert.

Le lendemain une entrevue avec le fameux Tsongpoun-Tachi faillit mal tourner. Quoi qu'il en soit, nous passons sans encombre. Ensuite monté et descendu une série d'ondulations pour arriver le 4 avril au Nima-loung-la (4 882 mètres).

Au sommet de ce col, j'éprouve une joie intense. Au sud se découvre le but de mon pénible voyage, le fameux Transhimalaya. De ce côté, il se présente sous l'aspect d'un formidable rempart cimé de neiges étincelantes. Encore quelques jours de marche, et nous escaladerons cette haute muraille pour parvenir au Brahmapoutre. Je puis à peine en croire mes yeux. Le rêve si longtemps caressé deviendrait-il une réalité ? D'ici le pied des monts, la route s'ouvre facile, une grande plaine parsemée de nappes amères, de marais et de sources.

Le 6 avril, nous sommes sur les bords du Bouptsang-tsangpo qui va se perdre dans le Tarok-tso. Cette rivière, peut-être la plus grosse des bassins fermés du Tibet, n'avait jamais encore été vue par un Européen. Toutefois, ce n'est pas une découverte au sens véritable du mot. En effet, le Tarok-tso et le Bouptsang-tsangpo — ce dernier sans nom toutefois — se trouvent sur la carte du Céleste Empire de d'Anville. On sait que ce document fut établi suivant les instructions de l'empereur, d'après les renseignements recueillis il y a deux siècles par les Jésuites au moyen d'informateurs indigènes.

Dans une vallée large de 5 kilomètres, le Bouptsang-tsangpo coule lentement du sud vers le nord-nord-ouest. Suivant les renseignements fournis par les Tibétains, pendant l'été, à la fonte des neiges, et durant la saison des pluies, il devient infranchissable. La longueur de son cours est d'environ 150 kilomètres.

Cette vallée nous amène au cœur des montagnes. Dans l'est, c'est un entassement confus de cimes dominé au sud-est par l'énorme relief neigeux du Lounpo-gangri.

Pendant la nuit du 11, le thermomètre descend à 18,7° ; ensuite il ne marque plus que — 15,7°, 10,3°, — 8,2° ; à mesure que nous avançons vers le sud, la température s'adoucit.

Huit jours de marche dans la vallée, et nous atteignons un carrefour où trois torrents glaciaires se réunissent pour former le Bouptsang-tsangpo. La branche orientale vient du Samié-la, ouvert dans la chaîne située au sud et que nous devons escalader, tandis que le torrent central sort d'un massif nommé Yallak-mallak et que celui de l'ouest descend du Tchomo-gangri.

Avec ses verts alpages animés par le joyeux clapotis de l'eau courante et son cadre de pics glacés, ce bassin de confluence forme un des paysages les plus pittoresques que j'aie jamais rencontrés au Tibet.

Le 13, sur les premières pentes du col, nous trouvons quatre tentes occupées seulement par des femmes et des enfants. Les hommes sont partis, il y a quelques jours, pour répondre à un appel du chef du district. Chaque année, les fonctionnaires réquisitionnent des nomades et des animaux de bât pour assurer pendant trois mois les transports officiels sur la route de Lhassa au Ladak. Cette corvée fonctionne sur toutes les principales routes du Tibet. Si un indigène ne peut répondre à l'appel, il doit payer un remplaçant et le nourrir à ses frais.

A la montée, nulle part la roche en place, rien que des éboulis, des nappes de graviers et des monceaux de blocs. Partout du granite gris, sauf dans quelques localités où se rencontre un porphyre.

Plus haut, croisé une caravane de 350 yaks chargés de sel en route pour Saka-dzong. Interpellés par les convoyeurs, nous leur racontons notre histoire habituelle de prospection commerciale. Que des gens de Ladak aient traversé les montagnes pour se rendre à Saka-dzong, au lieu de la route habituelle, singulièrement plus facile, ils ne peuvent revenir de leur étonnement. Évidemment ils n'auront rien de plus pressé que de raconter cette rencontre dès leur arrivée dans la vallée. Il est donc nécessaire de les devancer.

Enfin, voici le sommet du Samié-la, 5 527 mètres, 717 mètres de plus que le sommet du Mont-Blanc.

A l'est et au sud-est, le regard embrasse la magnifique chaîne du Lounpo-gangri et au nord celle du Nien-tchen-tang-la. Le Samié-la s'ouvre entre ces deux gigantesques reliefs du Transhimalaya, sur la crête séparant les tributaires des bassins fermés du Tibet des eaux qui se rendent à l'océan Indien. Il appartient par suite à la même catégorie de cols que le Sela-la, le Tchang-la-Pod-la et l'Angden-la, franchis plus à l'est dans ma précédente campagne.

Après quatre mois et demi de souffrances et de privations, un des buts principaux de ma seconde expédition se trouve atteint. J'ai réussi à recouper le Transhimalaya à 470 kilomètres à l'ouest de l'Angden-la et reconnu la continuité de ce puissant relief vers l'ouest. Cette énorme protubérance de l'écorce terrestre, forme au nord du Brahmapoutre, non pas une chaîne d'un seul tenant, mais une série de massifs nettement distincts. Ainsi, tandis que l'Angden-la se trouve sur le prolongement occidental du Nien-tchen-tang-la, le Samié-la s'ouvre à l'extrémité supérieure d'une vallée transversale, entre cette dernière chaîne et le Lounpo-gangri.

Des heures je resterais absorbé dans la contemplation de ce panorama instructif, mais la caravane de sel approche, et je dois retourner à mes moutons. Que ne suis-je libre de mes mouvements et de mes actes ? Ce rôle de berger que je dois tenir constamment pour ne pas être découvert m'agace singulièrement.

Chapitre XVIII

Découvert !

La descente du Samié-la. Traces glaciaires. Changement de direction. Suspicion des Tibétains. Un nabab. Arrêté par les Tibétains. Je me livre à mes ennemis.

La vallée ouverte au pied du Samié-la est, dans sa partie supérieure, encombrée d'anciennes moraines déposées par les glaciers du Lounpo-gangri lors d'une extension antérieure de la glaciation.

Deux jours après avoir franchi le Transhimalaya, nous sommes au confluent du Roukchok. En ce point, l'altitude est encore de 4 696 mètres, 58 mètres de plus que le sommet du Mont-Rose, le point culminant des Alpes après le Mont-Blanc.

Craignant d'être reconnu à Saka-dzong, nous allons nous diriger vers Raka-tazam. Abandonnant le chemin de transhumance que nous suivons depuis quelque temps, nous nous engageons pour cela dans la vallée du Tchaktak-tsangpo, dont j'ai visité le cours inférieur l'année dernière. Cet itinéraire éveille de nouveau la suspicion des nomades. Les parages du Tchaktak-tsangpo sont, racontent-ils, infestés de brigands ; dès lors quelle idée pour une caravane de paisibles commerçants de prendre ce dangereux chemin de traverse, au lieu de la route facile et sûre de Saka-dzong ?

Nulle part trace de pillards ; en revanche, au pied du relief séparant le bassin du Tchaktak-tsangpo de celui du Raga-tsangpo, voici le campement d'un nabab du pays, du nom de Kamba-Tsenam. Il possède, dit-on, mille yaks et cinq mille moutons ! Le bonhomme doit être, supposions-nous alors, en relations avec les fonctionnaires et au courant de tous les bruits du pays. De plus, il n'est évidemment pas aussi naïf que les simples pasteurs ; peut-être sera-t-il difficile de passer sans encombre ?

Malgré mes craintes, aucun incident, et le 23 avril nous attaquons les montagnes pour pénétrer dans le bassin du Raga-tsangpo. Encore deux cols, un premier de 5 175 mètres, le Gebouk-la, puis un second de 5 411 mètres, le Kintchen-la.

Plus que deux étapes jusqu'à Raga-tasam ! Nous approchons du dénouement. Sur la grande route surveillée jalousement par les autorités, je serai certainement découvert. D'ailleurs, j'en viens à le souhaiter moi-même. Toutes les précautions que je suis obligé de prendre me pèsent ; obligé de me tenir tapi dans ma tente, dès que des Tibétains approchent du camp, de me dissimuler aussitôt que les indigènes paraissent pendant l'étape, j'ai l'impression d'être prisonnier. J'en ai assez de mon métier de berger, des fatigues et des ennuis qu'ils m'imposent.

Ce soir, point de voisins. Quelle joie de pouvoir circuler sans contrainte. De longtemps ensuite je ne jouirai pas de pareilles heures de liberté.

Tandis que les caravaniers préparent le bivouac, voici que quatre hommes avec des yaks descendent rapidement les pentes du col que nous venons de franchir. Derrière eux, huit autres Tibétains armés de fusils et de sabres conduisent en mains des chevaux. Immédiatement, je rentre dans ma tente et endosse mon travesti.

Arrivée près de notre campement, la troupe fait halte. Trois hommes lâchent les montures sur le pacage, préparent un feu et y installent leurs marmites, pendant que les autres entrent dans la tente d'Abdoul-Kerim.

Des bribes de conversation entre mes gens et les Tibétains ne me laissent bientôt aucun doute. A plusieurs reprises, j'entends les indigènes prononcer mon nom. Évidemment j'ai été reconnu.

Le palabre terminé, les étrangers font le tour de ma tente ; ils voudraient bien y pénétrer : mais l'entrée en est jalousement gardée par un chien indigène qui ne laisse approcher personne. Un transfuge que cet animal ! Quelques jours après que je l'eus acheté à des nomades, il avait complètement oublié ses anciens maîtres ; dès lors, lui qui jusque-là n'avait connu que des Tibétains, manifesta à leur égard une haine implacable, et, dès qu'il en avait l'occasion, il la leur faisait cruellement sentir.

Une fois nos surveillants retournés à leur bivouac, Abdoul-Kerim pénètre furtivement dans ma tente et me met au courant de la situation.

Les deux caravanes rencontrées à la descente du Samié-la ont avisé le gouverneur de Saka-dzong de l'approche d'un groupe de Ladakis suspects. Soupçonnant ma présence dans cette troupe, ce personnage a immédiatement envoyé des fonctionnaires à nos trousses, avec ordre de s'assurer de notre identité. Les Tibétains ont annoncé l'intention très ferme de nous soumettre tous à une visite corporelle et de fouiller nos bagages ; bien plus, s'ils ne découvrent rien de suspect, ils nous demanderont de signer une attestation par laquelle nous affirmerons qu'il n'y a parmi nous aucun Européen déguisé.

... La situation est claire. Je suis pris ; mais j'ai gagné la partie. J'ai traversé la tache blanche de la carte que je voulais noircir. Maintenant, de nouveau, les Tibétains vont m'expulser de leur pays. Vers quelle frontière et par quelle route me reconduiront-ils, cela m'est maintenant indifférent, à moins qu'ils ne veuillent me ramener au Ladak par la vallée du Brahmapoutre que j'ai déjà suivie. A cette prétention, je résisterai énergiquement, mais partout ailleurs je pourrai faire d'intéressantes observations. Dans ces conditions, je prends la résolution d'aller me livrer aux Tibétains. Ce geste, j'en suis certain, leur en imposera.

A l'annonce de ce projet, mes caravaniers éclatent en sanglots et en lamentations. Sahib ! gardez-vous de vous confier à ces barbares, ils vous tueront, s'écrient-ils, et, lorsque je me dirige vers le bivouac des Tibétains, tous invoquent en ma faveur la protection d'Allah.

En me voyant approcher, nos surveillants assis autour de leur feu se lèvent, comme s'ils avaient l'intuition que je ne suis pas un Ladaki. Reconnaissant de suite parmi eux Pemba-Tsering, que j'avais vu l'an dernier, je m'achemine droit vers lui, et, lui tapant amicalement sur l'épaule, lui demande s'il me reconnaît. Le bonhomme ouvre de grands yeux ahuris et n'ose souffler mot.

— Par Dieu, Pemba-Tsering, tu ne t'es pas trompé. Je suis bien Hedin *Sahib*. Ne te souviens-tu pas que nous nous sommes déjà rencontrés à Saka-dzong. Maintenant nous voici de nouveau en présence, que veux-tu faire de moi ?

Les Tibétains demeurent interdits. Pour les remettre d'aplomb, je leur offre le calumet de la paix sous forme de cigarettes. Le plus jeune, qui paraît le chef de la bande, se décide alors à parler. Au nom du gouverneur de Saka-dzong, il m'annonce que défense m'est faite de poursuivre ma marche vers l'est et que demain nous nous rendrons à Saka-dzong, où l'autorité supérieure décidera de mon sort.

— Non, à Saka-dzong, jamais, leur répondis-je d'un ton ferme. Comme vous le savez, l'année passée dans ce village, j'ai perdu mon fidèle *Karavan-bachi*. Cette localité me rappelle de trop tristes souvenirs pour que je puisse la revoir. Me feriez-vous cadeau de tout le pays que je ne retournerai pas à Saka-dzong.

Devant ma résolution, les Tibétains n'élèvent aucune objection. L'entrevue avec le gouverneur aura lieu à Samakou, à deux étapes d'ici sur les bords du Brahmapoutre.

Ce point réglé, mes interlocuteurs me demandent fort aimablement d'ailleurs, la raison de mon entêtement à visiter leur pays. Vous arrivez, on vous oblige à partir, néanmoins vous revenez bientôt après. Pourquoi cette insistance ?

— C'est, leur répondis-je, que j'aime tant votre pays, et que tous vous êtes si aimables, que je ne puis me passer de votre société. Tant que je serai capable de me tenir en selle, je reviendrai ; de ma part, vous pouvez l'annoncer au gouvernement de Lhassa.

Cette première entrevue me laisse l'impression que les Tibétains n'ont arrêté aucune ligne de conduite à mon égard, et qu'ils seront fort embarrassés lorsqu'il leur faudra prendre une décision. En attendant, nos relations deviennent très cordiales ; avant la nuit, nous sommes tous les meilleurs amis du monde. Quel sort me réserve l'avenir ? C'est l'inconnu. La seule chose certaine actuellement, c'est qu'un nouveau chapitre s'ouvre dans l'histoire de mon voyage. Pendant qu'une foule de pensées emplit mon cerveau, le calme de la nuit descend sur la vallée et les étoiles s'allument les unes après les autres dans la sérénité immuable des choses éternelles.

Chapitre XIX

Mieux vaut douceur que violence

Semakou. Négociations pour le choix d'une route de retour. Une passe d'armes diplomatique. Départ pour le nord. Sous la sauvegarde d'un ami des brigands. Une fête au Tibet.

Le 26 avril, j'arrive à Semakou. Cette localité, sur la grande route de caravanes entre Lhassa et le Ladak, se compose d'une simple maisonnette en pierres et de plusieurs tentes. Dans cette cassine sont installés les deux gouverneurs de Saka-dzong. Au Tibet, les hautes fonctions ont toujours deux titulaires, pour qu'ils se surveillent mutuellement.

Dès que ma tente est dressée, des Tibétains m'apportent les souhaits de bienvenue des gouverneurs et m'annoncent que ces personnages m'attendent. Je leur réponds que si ces messieurs désirent m'entretenir, ils n'ont qu'à se déranger.

Quelques minutes après, les deux fonctionnaires arrivent. L'un, le *poun* Dortché Tsouen est un grand et bel homme de quarante-trois ans, d'aspect et de manières distingués, vêtu d'un costume chinois très propre ; l'autre du nom de Ngavang, un petit bonhomme tout rond, à la mine joviale, a moins noble apparence dans ses vêtements indigènes et avec sa calotte chinoise. Par exception ici, ces deux fonctionnaires ne paraissent pas sur un pied d'égalité. Dortché Tsouen dirigea, en effet, toute la négociation, comme si seul il eût possédé l'autorité nécessaire.

Dans un mouvement de lassitude explicable après ce long et si pénible voyage de cinq mois, j'avais déclaré aux Tibétains que je serais heureux de regagner le plus tôt possible les Indes par n'importe quelle route, sauf par celle du haut Brahmapoutre. Ces deux derniers jours passés dans la plus complète liberté m'ont remis d'aplomb. Débarrassé de cette contrainte énervante dans laquelle je vivais depuis plusieurs semaines, je n'éprouve plus la moindre fatigue. Je suis maintenant frais et dispos comme au premier jour, et je me sens de nouveau piqué par l'aiguillon de l'exploration. Avant de rentrer définitivement aux Indes, je veux essayer d'arracher au Tibet encore quelques-uns de ses derniers secrets ; pour cela, je vais manœuvrer de manière à obtenir l'autorisation de rentrer au Ladak en traversant en zigzags le Transhimalaya. Les Tibétains y consentiront-ils, cela est douteux ; mais qui ne tente rien n'a rien en négociations comme en exploration.

Après un échange d'amabilités, j'aborde de suite la question du retour. A aucun prix, Dortché Tsouen ne veut entendre parler de la route de Gyantsé vers Darjeeling ; il refuse même de faire parvenir par cette voie mon courrier. J'ai beau insister sur le désir que j'ai de rassurer ma famille sur mon compte. Mon adversaire se montre intraitable. Cette résistance ne me déplaît pas ; en cédant sur ce point, je reprendrai ensuite l'avantage sur un autre.

— La seule route qui vous soit ouverte, reprend Dortché Tsouen, c'est celle que vous avez suivie pour venir ici.

Non jamais ! Inutile de parler de cela ! répliquai-je, énergiquement.

Si, Hedin *Sahib*, il le faut !

Vous pouvez me tuer, mais jamais je ne reprendrai la route que je viens de parcourir. Réfléchissez avant de prendre une décision, je suis un Européen, et de plus l'ami du Tachi-lama. Prenez garde de perdre dans cette affaire votre position.

De cette première passe, le brave Dortché Tsouen sort penaud et effaré.

— Je suis tout prêt aux concessions pour vous être agréable, reprend le gouverneur. Voulez-vous rentrer au Ladak par la route du haut Brahmapoutre que vous avez suivie l'an dernier ?

— Jamais ! Jamais ! Les lois de mon pays interdisent à un homme de parcourir deux fois le même chemin. Coupez-moi le cou, mais vous ne me ferez point revenir sur mes pas.

— Les lois de votre pays sont fort singulières, répond fort judicieusement le Tibétain,

et très aimablement il me prie de lui indiquer la route par laquelle je désire effectuer mon retour. C'est là que j'attendais mon homme.

Vous refusez de me laisser sortir par Gyantsé, repris-je avec douceur. Je comprends les motifs de votre refus, aussi je n'insiste pas. Vous me proposez ensuite de rentrer au Ladak par le nord. Je suis prêt à accéder à votre désir à la seule condition de ne pas prendre la même route que celle que j'ai précédemment suivie. Laissez-moi passer les montagnes à l'est du Samié-la et gagner le Teri-nam-tso, de là je vous promets de rentrer au Ladak en me dirigeant droit vers l'ouest.

— Non, impossible ! déclare le gouverneur. Mais laissez-nous réfléchir. En attendant, voulez-vous nous accompagner jusqu'à la tente de Karba-Tsenam située à quatre jours de marche, sur la route que vous avez déjà prise ? D'ici là nous tomberons d'accord.

Le résultat de cette première passe n'est pas mauvais. Toutes les directions qui ne me conviennent que peu ou point ont été éliminées et peut-être me sera-t-il possible d'aborder de nouveau le Transhimalaya.

Après cela, la conversation porte sur divers sujets. Entre temps, le gouverneur me demande de lui vendre un revolver. De suite, je saisis la balle au bond et lui promets un de ces pistolets avec une provision de cartouches s'il me laisse prendre la route que je lui ai indiquée.

En tout cas, il est convenu que les Tibétains me procureront tout ce dont j'ai besoin pour reconstituer ma caravane, des chevaux, des mules, des yaks, des vivres, des vêtements, etc. etc. Immédiatement des courriers sont expédiés à Tsongka et à Saka-dzong pour réunir les approvisionnements nécessaires.

Le 29 avril, accompagné d'un nombreux cortège de Tibétains, je reprends la route du Nord. Le soir, nous campons au village temporaire d'Ouchu, sur le Brahmapoutre : ses 150 habitants n'y résident qu'à l'époque de la moisson et des semailles ; le reste de l'année, ils errent avec leurs troupeaux sur la montagne.

Deux jours de marche nous amènent dans la vallée de Nantchen où se trouvait réunie une assemblée de personnages, et où ont été envoyés tous les approvisionnements qui me sont destinés.

Pour résoudre la grosse question de la route de retour un grand palabre est organisé.

Après de longs pourparlers, j'obtiens gain de cause. Abdoul-Kerim avec une partie de la caravane repassera par le Samié-la, tandis qu'avec quelques hommes, je suis autorisé à traverser le Transhimalaya plus à l'est. Les deux troupes se rejoindront dans la vallée du Boutsang-tsangpo. Ainsi je suis arrivé à mes fins, je vais pouvoir remplir une nouvelle tache blanche de la carte située à l'est de mon précédent itinéraire.

Dans l'espérance de me déterminer à abandonner mon projet, le gouverneur assure que la région que je me propose de traverser est infestée de brigands. Je le prends au mot, et lui demande en conséquence une escorte. Chaque soldat, je le paierai deux roupies par jour. L'appât de cette haute paye triomphe de toutes les hésitations et immédiatement dix hommes sont commandés pour veiller à ma sécurité. De plus un chasseur de yaks, nommé Pantchor, frère du riche Kamba-Tsenam m'accompagnera comme guide.

Le 4 mai, toujours suivi des gouverneurs et d'une foule de Tibétains, je franchis le Gara-la pour descendre dans la vallée du Gebouk-tchou au campement du nabab du pays.

En arrivant, je suis très surpris que ce personnage ne vienne pas saluer les autorités. J'ai bientôt l'explication de cette conduite.

La nuit venue Kamba-Tsenam se glisse furtivement dans ma tente. Après m'avoir prié de ne pas révéler aux fonctionnaires sa visite nocturne, il proteste de ses bonnes intentions à mon égard, et m'assure que son frère me conduira où je voudrais. L'escorte a l'ordre formel de ne pas me laisser m'écarter de la route, mais seul Pantchor connaît le pays et il passera où bon lui semblera. Je n'aurai qu'à commander ; de suite mes désirs seront accomplis. Des brigands, nulle crainte à avoir. La présence de Pantchor sera ma sauvegarde. Mon visiteur avoue entretenir des relations très amicales avec tous les malandrins de la région. Du moment où je suis sous sa protection, je puis voyager en toute sécurité. En retour, ce Tibétain, dépourvu de scrupules, sollicite mes bons offices afin d'obtenir le poste de gouverneur de Saka-dzong !

Grâce à ce concours inattendu, la nouvelle campagne que je vais entreprendre s'annonce bien.

Pl. 43. Le bout-en-train de la caravane.

... Avant le départ des autorités, j'organise en leur honneur, une grande fête de nuit. Le temps n'est pourtant guère favorable, il tombe une neige épaisse, mais au Tibet les distractions sont si rares, que l'on brave tout pour s'amuser pendant quelques heures. Avec mes invités de marque, je prends place sur le devant de ma tente, auprès d'un brasero, tandis que derrière un grand feu allumé devant nous et destiné à éclairer la scène se presse le menu peuple de soldats et de pasteurs. Le programme comprend des danses, des chants et des pantomimes exécutés par mes caravaniers. Plusieurs numéros eurent un succès fou et mirent en joie les assistants. A la fin de la soirée, les gouverneurs affirmaient ne s'être jamais autant amusés, et ce sentiment paraissait partagé par tous les spectateurs. La meilleure preuve, c'est que la fête ne prit fin qu'à minuit, lorsque toute la provision de combustible fut épuisée.

Le lendemain, le sol est couvert de neige. On se croirait en plein hiver. Dans la matinée, les autorités viennent prendre congé de moi. Je les accompagne ensuite jusqu'à leurs chevaux qui attendent tenus en mains, puis ce sont des protestations d'amitié à n'en plus finir. Dortché Tsouen m'assure qu'il gardera le meilleur souvenir de nos relations et souhaite de me rencontrer encore une fois.

Mieux vaut douceur que violence !

CHAPITRE XX

VERS LES INDES

Histoire de brigands. Sixième traversée du Transhimalaya. Le Teri-nam. Un couvent dans le désert. L'hiver en été. Sans nouvelle de mon chef de caravane, nouvelle traversée du Transhimalaya. La vallée du Satledj. Simla.

Le 6 mai, la caravane se met en route partagée en deux groupes. Abdoul-Kerim avec sept hommes s'achemine vers le Samié-la ; de mon côté, je file au nord, suivi de cinq caravaniers, de Pantchor, l'ami des brigands, et de dix soldats tibétains. Kamba-Tsenam me fait la conduite pendant la première étape. J'ai bientôt l'occasion d'être fixé sur la moralité de ce personnage et de sa famille. Dans la journée, nous rencontrons un grand gaillard, avec lequel mes amis sont dans les termes les plus cordiaux. De but en blanc, le nouveau venu m'offre des yaks à moitié prix de leur valeur, et sans détour m'annonce qu'il exerce la profession de brigand. Il a assassiné, paraît-il, il y a quelque temps, un nomade et est recherché pour ce crime. Mais Kamba-Tsenam et Pantchor se gardent bien de le dénoncer. Je soupçonne d'ailleurs mes deux compagnons d'être de connivence avec ces malandrins et de partager avec eux le fruit de leurs opérations.

Dans la journée, escaladé le Giegong-la (5 490 m.), col ouvert dans la chaîne du Kantchoung-gangri entre deux branches du Tchaktak-tsangpo. Le soir, mon quatre centième campement de voyage au Tibet !

8 Mai. — Pantchor s'en va à la chasse, pendant que la caravane continue lentement sa marche.

Dans la journée, rencontré une tente occupée par les fameux brigands, dont Tsenam m'a conté les exploits. Devant l'imprévu de cette rencontre, mon chef d'escorte tremble comme une feuille et ses acolytes ne font pas meilleure contenance. Heureusement, pas la moindre velléité d'attaque. Pantchor qui nous rejoint seulement dans la soirée confirme mes soupçons. Nous avons croisé, en effet, la bande qui vit sur ce pays. De crainte de sa vengeance, nul n'ose la dénoncer, et, si jamais les autorités réussissaient à mettre la main sur l'un de ces détrousseurs de grand chemin, trente autres se lèveraient immédiatement pour le venger, assure Pantchor. Au Tibet, le brigandage jouit de l'impunité la plus complète.

Dans la soirée, campé sur les bords du Laptioung-tso (5 193 m.). Très pittoresque, ce lac dans son cadre de hautes montagnes. Au sud, le Kantchoung-gangri, un magnifique massif portant sur son versant septentrional trois grands glaciers et plusieurs autres nappes plus petites.

9 Mai. — Toujours une température très basse, — 18,3° ! Terrain facile. Nous suivons une grande vallée longitudinale ouverte entre le Kantchoung-gangri et la crête principale du Transhimalaya. Au bout de cette dépression, au N. 60° W. se découvre un col relativement bas, le Ditcha-la, qui est une route de commerce et de pèlerinage. Par ce seuil passent les caravanes destinées au Bongba oriental et à Tchoktchou, les transports de sel provenant du Tabié-tsaka et les pèlerins retour du Kang-rimpotché et du Manasarovar. Plus de cinquante pistes se croisent et s'entrecroisent dans cette partie de la vallée.

Pendant l'étape, nous avons la visite d'un des brigands rencontrés hier, grand ami de Pantchor. Il se chargerait volontiers de me conduire jusqu'au Dangra youm-tso, le lac sacré dont jusqu'ici les Tibétains ont réussi à m'interdire l'accès. Lui n'est pas embarrassé par les scrupules religieux.

12 Mai. — Une dure journée. Escalade de la crête maîtresse du Transhimalaya, à laquelle mon guide donne le nom de Lap.

17,1°, avec cela un vent furieux et un ciel bas ; on se croirait en plein hiver.

Après une pénible montée, nous atteignons le col, le Sangmobertik-la (5 820 m.).

De hautes montagnes voisines limitent la vue. Sur le versant septentrional, comme nous l'avons toujours observé, le terrain est beaucoup moins disséqué que sur la face sud, en raison de la rareté des précipitations atmosphériques.

Le lendemain, le chef de l'escorte m'informe que le moment est venu d'abandonner la direction du nord et de faire route dans l'ouest pour rallier le gros de la caravane. Pantchor fait chorus avec ses congénères, et essaie de m'effrayer avec des histoires de brigands. Je comprends et dans la soirée remets à chaque homme quelques roupies. Dès lors leurs scrupules s'évanouissent et leurs craintes des voleurs disparaissent.

Quatre jours plus tard, j'atteins la vallée du Soma-tsangpo. Deux cols ensuite et nous voici en vue du Teri-nam-tso, un grand lac, dont l'existence a été révélée à la géographie par Nain-Sing d'après des renseignements indigènes, mais qu'aucun Européen n'a encore vu.

Vers le nord et le nord-est, un panorama tout en longueur, d'un coloris extraordinaire. Une immense nappe d'un bleu de turquoise, au milieu de montagnes violettes, jaunes et rouges ; par de là, d'infinis horizons de plateaux, avec de rares massifs neigeux. Vers le sud, au contraire, d'énormes montagnes, les pics éblouissants du Targo-gangri, voisin du Dangra-youm-tso, et le grandiose Transhimalaya, puis dans le nord-ouest les cimes majestueuses du Cha-Kangcham.

Le Teri-nam-tso, est situé à 4 684 mètres [18].

Après avoir un moment songé à pousser jusqu'au Dangra-youm-tso, je m'achemine vers l'ouest. Sur ce pays, les seuls renseignements que nous possédons jusqu'ici ont été recueillis il y a deux siècles par les jésuites, au moyen d'informateurs indigènes.

Pl. 47. Moines du couvent de Mendong.

---

[18] 226 mètres de moins que le sommet du Mont-Blanc.

Le 26 mai, traversé une grande plaine qui, à une époque antérieure était recouverte par les eaux du Teri-nam-tso. Au delà de ce lac, notre route est tracée par la vallée du Soma-tsangpo, un large torrent qui va se perdre dans ce bassin fermé. Au milieu du désert, se trouve perdu le couvent de Mendong. Cette thébaïde comprend une bâtisse carrée blanche avec un large barbouillis rouge au fronton, et autour deux groupes de tentes. L'un abrite soixante moines, l'autre quarante nonnes. Pas précisément attrayantes, ces saintes femmes. Jamais on ne vit laiderons plus repoussants.

Pl. 44. Indigènes de Kangmar (revers nord du Transhimalaya près de la vallée du Soma-tsangpo).

Pl. 45. Soldats tibétains rencontrés sur les bords du Soma-tsangpo.

Poursuivant vers l'ouest, nous montons et descendons une série d'ondulations. D'abord un col de 5 298 mètres, le Goa-la, puis une baisse de terrain renfermant le Karong-tso, un lac jusqu'ici ignoré, après cela, un nouveau gonflement du sol, pour descendre ensuite vers un autre lac, le Tchounit-tso, que nous avons longé il y a deux mois. J'atteins ainsi la vallée inférieure du Bouptsang-tsangpo où rendez-vous a été donné au gros de ma caravane venu par le Samié-la.

Pl. 46a. Le passage du Soma-tsangpo.

Pendant ces marches, toujours un temps affreux. Dans la nuit du 1er au 2 juin, le thermomètre tombe à — 8,7°, le 3 et le 4, tempête de neige. Avec cela partout un sol détrempé.

De la caravane, point trace. Il y a une semaine, Abdoul-Kerim serait parti pour le Tarak-tso, nous racontent des nomades.

Le 5 juin, je renvoie mon escorte et mon guide, et avec quelques yaks loués à des pasteurs descends la vallée à la recherche de mon convoi.

6 Juin. — Grêle et neige. Le sol est tout blanc. Il semble que l'été soit déjà passé et que l'hiver approche de nouveau.

La nuit suivante 10° sous zéro. N'empêche que dans la journée mouches et moustiques font rage.

Le lendemain soir, nous arrivons en vue du Tarak-tso (4 632 m.). Je me proposais d'aller visiter le couvent de Lounkar situé prés de ce lac, lorsque de nouveau les Tibétains viennent se mettre à la traverse de mes projets. Un petit fonctionnaire et une douzaine de cavaliers sortent brusquement de la montagne comme les gnomes de la légende. Je pourrais avoir facilement raison de leur résistance et passer outre à leur défense ; mais dans ce cas, les indigènes feraient le vide devant nous et nous refuseraient désormais vivres et animaux de bât. Le plus sage est donc de composer. Finalement, il est entendu que je m'acheminerai vers le pays de Selipouk où, paraît-il, nous attend Abdoul-Kerim. De ce côté, je vais pouvoir encore réduire l'étendue du blanc de la carte.

Le 9 juin, les nomades m'apportent des provisions et me fournissent les guides et les animaux nécessaires ; après quoi je prends congé de ces excellents Tibétains.

Le lendemain, la caravane franchit le Lunkar-la (5 570 m.). Ce col domine le Tarok-tso ; plus loin le Tabie-tsako, la grande saline de cette partie du Tibet, blanchit l'horizon. La vallée du Goang-tsangpo nous amène ensuite sur les bords d'une autre nappe, le Perou-tso, en voie d'assèchement très accusé. La plus haute terrasse se trouve à 108 mètres au-dessus du niveau actuel des eaux. Ce lac, quoique très amer, renferme de nombreux poissons. Dans ce bassin débouche une vallée transversale ouverte entre deux chaînes du Transhimalava et parcourue par un sentier conduisant dans la vallée supérieure du Brahmapoutre.

Ici nous abandonnons la province de Bongba, pour entrer dans le Rigiloma et le Rigi-tchangma, districts qui dépendent de Gartok. Le chef, un fort brave et fort aimable homme, me donne tout ce dont j'ai besoin.

D'ailleurs, dans cette partie du Tibet, je suis partout reçu très amicalement.

Trois jours de marche en vallée, puis nouvelle ascension à 5 832 mètres d'altitude pour franchir le Sour-la. Avant d'atteindre le sommet, grandiose panorama à l'ouest-sud-ouest, sur une chaîne transhimalayenne. Tout un cortège de pics fort élevés, chargés de glaciers et de névés.

De l'autre côté de cette passe, nous trouvons une nouvelle vallée transversale du Transhimalaya, celle du Pedang-tsangpo. A droite, se dresse un très haut relief également soumis à une puissante glaciation. Comme ceux qui le flanquent à l'est et à l'ouest, il est aligné nord-nord-ouest — sud-sud-est. Au nord du Brahmapoutre supérieur existe donc, non point une simple chaîne, comme l'ont indiqué Hodgson, Atkinson, Saunders et Burrard, mais un enchevêtrement de massifs, dont l'ensemble constitue le système transhimalayen.

Toujours aucune nouvelle d'Abdoul-Kerim. Qu'est-il devenu ? A-t-il été enlevé ou a-t-il pris la fuite avec les 2 500 roupies [19] qu'il porte ? Je commence à être sérieusement inquiet. En conséquence, j'expédie un message au chef du district, le priant de me donner d'urgence des nouvelles de ma caravane, sinon je le menace de porter plainte aux mandarins chinois de Lhassa.

Chaque étape m'apporte des découvertes. Un jour, c'est un col ; le lendemain, un lac ; sans cesse ma carte se meuble de nouvelles et importantes indications. La tache blanche noircit de plus en plus. Mais aucune nouvelle d'Abdoul-Kerim. Je n'ai plus que 80 roupies en poche ; avec une bourse aussi plate on ne va pas loin, même au Tibet.

23 juin. — 30,4° sous zéro au solstice d'été !

Une rapide montée et j'arrive au sommet du Tajep-parva-la (5 452 m.). Dans le nord et dans le nord-ouest, une immense découverte de plateaux, un horizon morne, rectiligne. Au milieu de cette platitude infinie comme l'océan, une seule saillie, une

---

[19] 4 175 francs (Note du traducteur).

lointaine coupole neigeuse. Le col domine la magnifique nappe bleue du Nganglaring-tso, un grand lac qu'aucun Européen n'avait encore contemplé, non plus qu'aucun *pundit* hindou.

Le 25 juin, nous atteignons les bords de ce vaste bassin perché à l'énorme altitude de 4 728 mètres, et, trois jours après, le monastère de Selipouk, situé à l'ouest de ce lac, à une hauteur de 4 784 mètres, 26 mètres de moins que le Mont-Blanc. Les lamas se montrent très hospitaliers. L'abbé qui, outre ses fonctions spirituelles, remplit celles de chef de district, est particulièrement aimable.

Pendant notre séjour au couvent, le 28 juin, à 9 h. 30 du soir, je ressens un tremblement de terre, le seul que j'aie observé au Tibet.

Ici non plus, personne n'a entendu parler d'Abdoul-Kerim. Après avoir consulté leurs livres sacrés pour découvrir la clé de ce mystère, les moines m'annoncent solennellement que mon chef de caravane est demeuré en arrière. Pas avant vingt jours seulement nous le retrouverons ou nous recevrons de ses nouvelles, assurent-ils.

Heureusement pour nous, cette prédiction ne se réalisa pas. Deux jours après, je rencontrai Abdoul-Kerim et tout s'expliqua. Une fois la caravane arrivée au rendez-vous sur les bords du Boutpsang-tsangpo, un chef l'avait obligée à décamper et aller s'installer sur la rive nord du Tarok-tso, dont, comme je l'ai raconté plus haut, l'accès me fut interdit. Là Abdoul-Kerim nous attendit quatorze jours. Apprenant alors par un nomade notre départ vers l'ouest, il s'était immédiatement mis en route, mais malgré sa diligence, n'avait pu me joindre. La caisse est intacte. C'est l'essentiel.

Une septième fois, nous franchissons le Transhimalaya et le 14 juillet rejoignons à Toktchen le bassin du Manasarovar. Maintenant la route s'ouvre facile ; mais je n'en ai pas fini avec les Tibétains. Sous prétexte que je ne suis pas muni d'un passeport, un fonctionnaire élève la prétention de m'interdire cette route et de m'obliger à revenir vers le nord. Si je n'avais par-dessus la tête du Tibet, avec quelle joie j'accepterais cette situation qui me permettrait de compléter mon œuvre. Mais après une si laborieuse exploration, j'ai soif de repos. Tout finit par s'arranger, et, descendant la vallée du Satledj, j'arrivai un mois plus tard à Simla, où le vice-roi des Indes et Lady Minto m'accordaient l'accueil le plus cordial.

Mon rêve est vécu. Il a duré vingt-huit mois. Déshabitué de la civilisation, j'éprouve maintenant comme une sorte de vide, j'ai la sensation de me mouvoir dans un monde qui n'est plus le mien. Bientôt la chaleur des amitiés que je retrouve fait fondre cette impression et un nouveau rêve commence dans le fastueux décor des Indes, au milieu de la bienveillance que tous me témoignent. Tel un chant d'allégresse après une lutte tenace où l'homme a dépensé toute l'énergie dont il est capable.

www.ingramcontent.com/pod-product-compliance
Lightning Source LLC
Chambersburg PA
CBHW050139170426
43197CB00011B/1889